••• Títulos relacionados

MF0233_2 OFIMÁTICA [MÓDULO FORMATIVO COMPLETO]

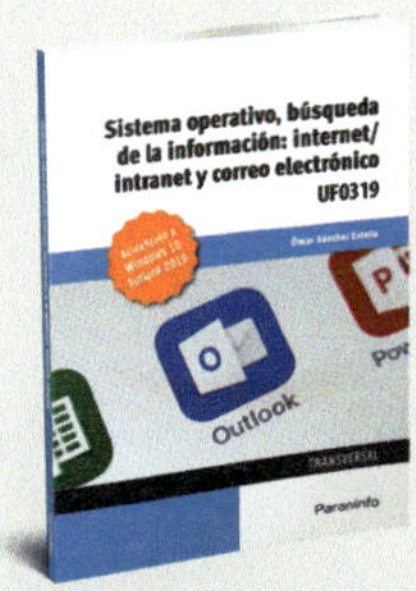

Sistema operativo, búsqueda de la información: internet/ intranet y correo electrónico
UF0319
Óscar Sánchez Estella

ISBN: 9788413660639

Aplicaciones informáticas de tratamiento de textos.
UF0320
Óscar Sánchez Estella

ISBN: 9788413660646

Aplicaciones informáticas de hojas de cálculo
UF0321
Óscar Sánchez Estella

ISBN: 9788413660653

Aplicaciones informáticas de bases de datos relacionales
UF0322
Óscar Sánchez Estella

ISBN: 9788413660660

Aplicaciones informáticas para presentaciones: gráficas de información
UF0323
Óscar Sánchez Estella

ISBN: 9788413660677

Aplicaciones informáticas de hojas de cálculo UF0321

Óscar Sánchez Estella

Diseño y maquetación: Ediciones Nobel

ISBN: 978-84-1366-065-3
Depósito legal: M-24096-2021
Impresión: Tórculo Comunicación Gráfica (Santiago de Compostela)

Impreso en España

Índice

Introducción normativa

La Ley Orgánica 5/2002, de 19 de junio, de las Cualificaciones y de la Formación Profesional fue el primer texto legislativo que reguló de forma exclusiva las enseñanzas profesionales en España. Una de sus novedades consistió en relacionar directamente la formación con el empleo, permitiendo las convalidaciones y equivalencias entre la Formación Profesional del sistema educativo, la Formación Profesional para el empleo, y experiencia laboral. Para poder desarrollar estas medidas se creó el Sistema Nacional de Cualificaciones Profesionales y dos instrumentos básicos: el Catálogo Nacional de Cualificaciones Profesionales y el Catálogo Modular de Formación Profesional.

Las Cualificaciones Profesionales responden a la iniciativa que impulsa el Marco Europeo de las Cualificaciones (EQF), para facilitar un espacio abierto de aprendizaje y de empleo, así como la adecuación entre oferta y demanda no solo a nivel estatal, sino entre los distintos países.

El Catálogo Nacional de Cualificaciones Profesionales ordena las cualificaciones profesionales, incluyendo el contenido de la formación profesional asociada a cada cualificación, de acuerdo con una estructura de módulos formativos articulados en un Catálogo Modular de Formación Profesional. Entre sus principales objetivos tiene el posibilitar la integración de las ofertas de formación profesional, adecuándolas a las características y demandas del sistema productivo.

Para conseguirlo, este Catálogo, además de identificar y definir las cualificaciones profesionales que requiere el sistema productivo, establece los contenidos formativos básicos que resultan necesarios para que las ofertas formativas garanticen la adquisición de las competencias profesionales apropiadas para el desempeño profesional.

Las Cualificaciones Profesionales se acreditan mediante "Títulos" de Formación Profesional del sistema educativo, y Certificados de Profesionalidad de Formación para el Empleo. Ambas acreditaciones tienen carácter oficial y son válidas en todo el Estado.

Los contenidos asociados a las cualificaciones profesionales constituyen el Catálogo Modular de Formación Profesional, que se estructura en módulos formativos.

Mediante la superación de los módulos formativos, diseñados en itinerarios específicos para cada Cualificación Profesional, se puede obtener el Certificado de Profesionalidad correspondiente. Además, se posibilita la convalidación de determinados módulos profesionales incluidos en los títulos de Formación Profesional del sistema educativo, asociados a Unidades de Competencia comunes.

El Certificado de Profesionalidad es, por tanto, el instrumento de acreditación, en el ámbito de la Administración laboral, de las cualificaciones profesionales incluidas en el Catálogo Nacional de Cualificaciones Profesionales, adquiridas a través de procesos formativos o mediante procedimientos de reconocimiento de competencias profesionales adquiridas por experiencia laboral o vías no formales de formación, regulados por el Real Decreto 1224/2009, de 17 de julio.

ESTRUCTURA DE UNA CUALIFICACIÓN

DATOS DE IDENTIFICACIÓN
Denominación
Nivel
Competencia general
Entorno profesional

UNIDADES DE COMPETENCIA		FORMACIÓN ASOCIADA
Unidad de competencia 1	⟷	Módulo formativo 1
Unidad de competencia 2	⟷	Módulo formativo 2
Unidad de competencia N	⟷	Módulo formativo N

Las cualificaciones profesionales se estructuran en unidades de competencia, que se definen como agrupaciones de tareas productivas específicas que debe realizar el profesional. Las diferentes unidades de competencia de un certificado de profesionalidad conforman la Competencia General, definiendo el conjunto de conocimientos y capacidades que permiten el ejercicio de una actividad profesional determinada.

Cada unidad de competencia lleva asociado un módulo formativo, donde se describe la formación necesaria para adquirir esa unidad de competencia, pudiendo dividirse en unidades formativas.

El módulo formativo es el bloque coherente de formación asociado a cada una de las unidades de competencia que configuran la cualificación. Cada módulo formativo tiene un formato normalizado que incluye los datos de identificación y las especificaciones de la formación que se incluyen en las ofertas formativas conducentes a la obtención de los certificados de profesionalidad.

DATOS DE IDENtiFICACIÓN:

— Denominaclón.
— Nivel de cualificación al que se vincula.
— Unidad de competencia a la que está asociado.
— Código alfanumérico y duración en horas.

ESPECIFICACIONES DE LA FORMACiÓN:

— Capacidades: expresión de los resultados esperados de las personas en situación de aprendizaje al finalizar el Módulo Formativo.

— Criterios de evaluación: conjunto de precisiones para cada capacidad que indican el grado de concreción aceptable de la misma. Delimitan el alcance y nivel de la capacidad y el contexto en el que va a ser evaluada.

— Contenidos formativos necesarios para adquirir las competencias a las que se asocia. Requisitos básicos del contexto formativo: espacios e instalaciones y perfil profesional del formador. Estos requisitos tienen carácter orientador para la normativa básica reguladora de las ofertas formativas.

Contenidos

1. **Conceptos generales y características fundamentales de la aplicación de hoja de cálculo.**
   - Instalación e inicio de la aplicación.
   - Configuración de la aplicación.
   - Entrada y salida del programa.
   - Descripción de la pantalla de la aplicación de hoja de cálculo.
   - Ayuda de la aplicación de hoja de cálculo.
   - Opciones de visualización (zoom, vistas, inmovilización de zonas de la hoja de cálculo, etc.).
2. **Desplazamiento por la hoja de cálculo.**
   - Mediante teclado.
   - Mediante ratón.
   - Grandes desplazamientos.
   - Barras de desplazamiento.
3. **Introducción de datos en la hoja de cálculo.**
   - Tipos de datos:
     - Numéricos.
     - Alfanuméricos.
     - Fecha/hora.
     - Fórmulas.
     - Funciones.
4. **Edición y modificación de la hoja de cálculo.**
   - Selección de la hoja de cálculo:
     - Rangos.
     - Columnas.
     - Filas.
     - Hojas.
   - Modificación de datos:
     - Edición del contenido de una celda.
     - Borrado del contenido de una celda o rango de celdas.
     - Uso del corrector ortográfico.
     - Uso de las utilidades de búsqueda y reemplazo.
   - Inserción y eliminación:
     - Celdas.
     - Filas.
     - Columnas.
     - Hojas ce cálculo.
   - Copiado o reubicación de:
     - Celdas o rangos de celdas.
     - Hojas de cálculo.
5. **Almacenamiento y recuperación de un libro.**
   - Creación de un nuevo libro.
   - Abrir un libro ya existente.
   - Guardado de los cambios realizados en un libro.
   - Creación de una dúplica de un libro.
   - Cerrado de un libro.

6. **Operaciones con rangos.**
   - Relleno rápido de un rango.
   - Selección de varios rangos (rango múltiple, rango tridimensional).
   - Nombres de rangos.
7. **Modificación de la apariencia de una hoja de cálculo.**
   - Formato de celda:
     - Número.
     - Alineación.
     - Fuente.
     - Bordes.
     - Relleno.
     - Protección.
   - Anchura y altura de las columnas y filas.
   - Ocultando y mostrando columnas, filas u hojas de cálculo.
   - Formato de la hoja de cálculo.
   - Cambio de nombre de una hoja de cálculo.
   - Formatos condicionales.
   - Autoformatos o estilos predefinidos.
8. **Fórmulas.**
   - Operadores y prioridad.
   - Escritura de fórmulas.
   - Copia de fórmulas.
   - Referencias relativas, absolutas y mixtas.
   - Referencias externas y vínculos.
   - Resolución de errores en las fórmulas:
     - Tipos de errores.
     - Herramientas de ayuda en la resolución de errores.
9. **Funciones.**
   - Funciones matemáticas predefinidas en la aplicación de hoja de cálculo.
   - Reglas para utilizar las funciones predefinidas.
   - Utilización de las funciones más usuales.
   - Uso del asistente para funciones.
10. **Inserción de gráficos, para representar la información contenida en las hojas de cálculo.**
    - Elementos de un gráfico.
    - Creación de un gráfico
    - Modificación de un gráfico.
    - Borrado de un gráfico.
11. **Inserción de otros elementos dentro de una hoja de cálculo.**
    - Imágenes.
    - Autoformas.
    - Textos artísticos.
    - Otros elementos.
12. **Impresión.**
    - Zonas de impresión.
    - Especificaciones de impresión.
    - Configuración de página:

    - Márgenes.
    - Orientación.
    - Encabezados y pies y numeración de página.
  - Vista preliminar:
    - Formas de impresión.
    - Configuración de impresora.

13. Trabajo con datos.

- Validaciones de datos.
- Esquemas.
- Creación de tablas o listas de datos.
- Ordenación de lista de datos, por uno o varios campos.
- Uso de filtros.
- Subtotales.

14. Utilización de las herramientas de revisión y trabajo con libros compartidos.

- Inserción de comentarios.
- Control de cambios de la hoja de cálculo.
- Protección de una hoja de cálculo.
- Protección de un libro.
- Libros compartidos.

15. Importación desde otras aplicaciones del paquete ofimático.

- Con bases de datos.
- Con presentaciones.
- Con documentos de texto.

16. Plantillas y macros.

- Creación y uso de plantillas.
- Grabadora de macros.
- Utilización de macros.

1. Aplicaciones informáticas de hojas de cálculo. Conceptos generales y características fundamentales de la aplicación de hoja de cálculo

Introducción

Una aplicación de hojas de cálculo permite generar todo tipo de documentos contables. Cualquier documento en el que haya que incluir información numérica o textual de modo estructurado y operar con ella (efectuar operaciones aritméticas, lógicas, estadísticas, etc.) se podrá representar mediante una hoja de cálculo.

Cuando abrimos un documento con un procesador de textos, la aplicación nos muestra la representación de una página en blanco. Lo que nos aparece cuando abrimos una hoja de cálculo es una gran tabla, una colección de celdas estructuradas en filas y columnas. ¿Por qué? Porque mediante dicha tabla podemos referirnos de modo preciso a cada información que almacenemos en la hoja de cálculo, referencia necesaria para operar con dicha información.

Las hojas de cálculo facilitan enormemente el trabajo con información numérica: presupuestos, modelos económicos, balances, estadísticas... No obstante, cuando la información que debamos tratar sea compleja y existan múltiples relaciones entre los datos (por ejemplo, para almacenar las relaciones entre clientes, facturas, albaranes, etc.) el modelo de la hoja de cálculo se queda un tanto pequeño y es preferible trabajar con una **base de datos.**

Contenido

1.1. Instalación de la aplicación

En la actualidad, la instalación de las aplicaciones de hojas de cálculo (al igual que las de procesadores de texto, bases de datos, etc.) es prácticamente automática, de tal forma que, contestando a unas mínimas opciones, el programa se instala en nuestro ordenador.

1.2. Entrada y salida del programa

La aplicación se abre haciendo clic en el menú ***Inicio*** y seleccionamos la aplicación ***Excel.***

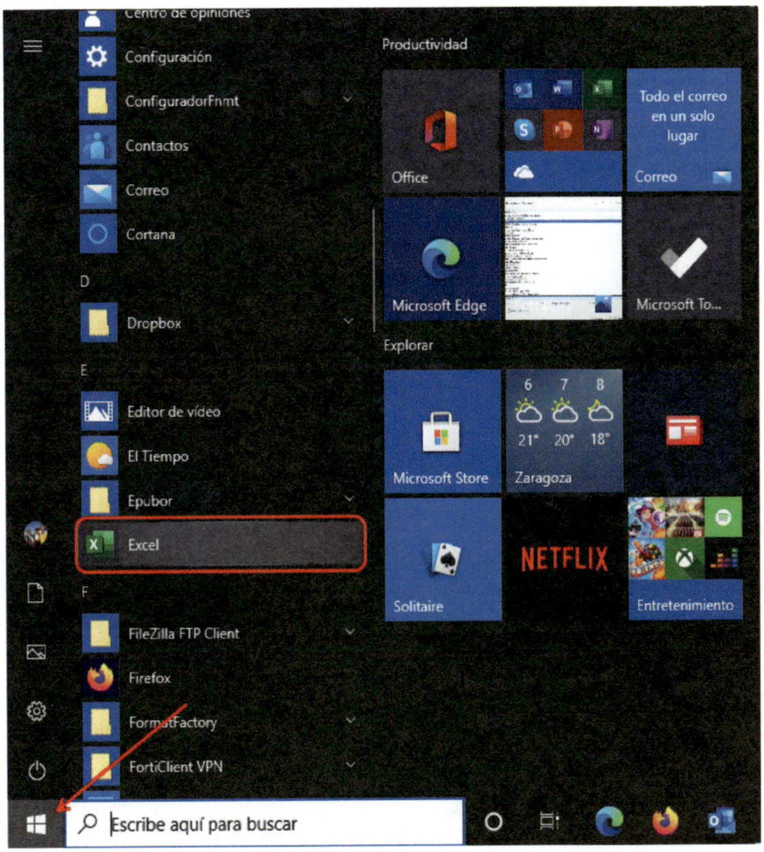

Al igual que sucede con la mayoría de las aplicaciones que giran bajo entorno Windows, varias son las posibilidades existentes para salir del programa:

- Icono *Cerrar* de la *Barra de estado.*
- Hacer clic en la parte superior izquierda de la *Barra de título* y seleccionar la opción *Cerrar.*

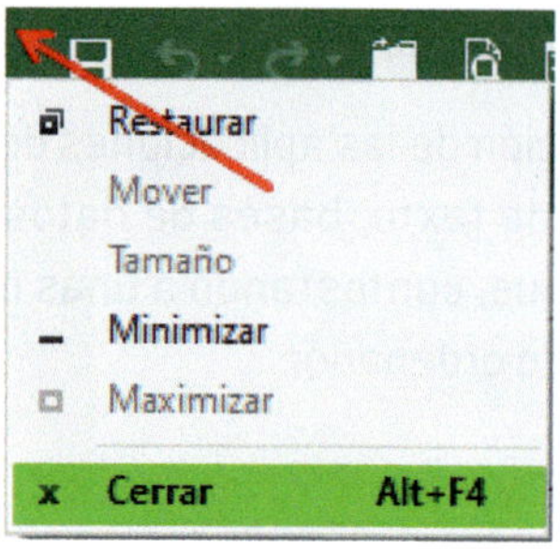

1.3. Configuración de la aplicación

Una vez que hemos instalado el programa, ya podemos empezar a trabajar con él, pero Excel nos aporta una opción para poder configurar la forma de trabajo a nuestras necesidades.

Al pulsar sobre la ficha *Archivo* disponemos de la opción *Opciones* a través de la cual podremos configurar diversas opciones de la aplicación.

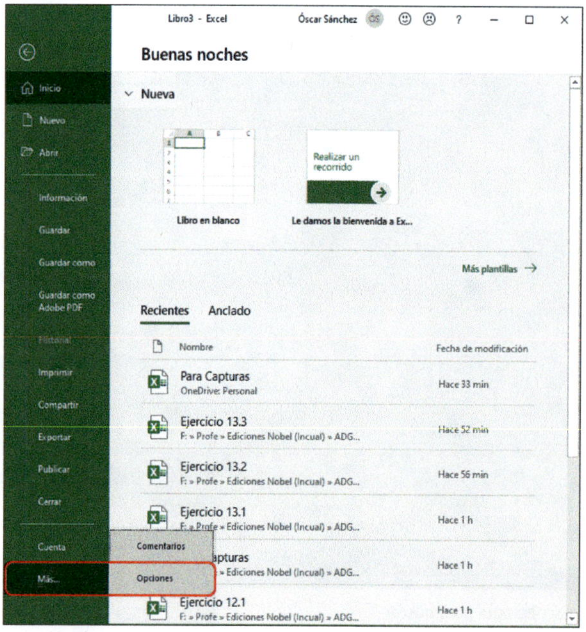

1.4. Descripción de la pantalla de la aplicación de hoja de cálculo

El elemento principal de una hoja de cálculo es una gran **tabla** dividida en filas y columnas. En dicha tabla podemos introducir información de muy diversos tipos, con una gran ventaja: siempre que sea necesario, podremos emplear la información introducida haciendo referencia a la **celda** en la que la hayamos introducido. De este modo podremos efectuar todo tipo de cálculos con los datos introducidos en la hoja.

Los documentos de hoja de cálculo se denominan habitualmente *Libros*, en alusión a los libros de contabilidad. Cada libro se puede componer de una o más hojas.

Junto con ello, las aplicaciones de tratamiento de hojas de cálculo poseen una gran diversidad de funciones para el manejo de los datos, para facilitar los cálculos con ellos o para elaborar gráficos a partir de la información contenida en el documento.

En el área de trabajo de Excel 2019 encontramos los siguientes elementos:

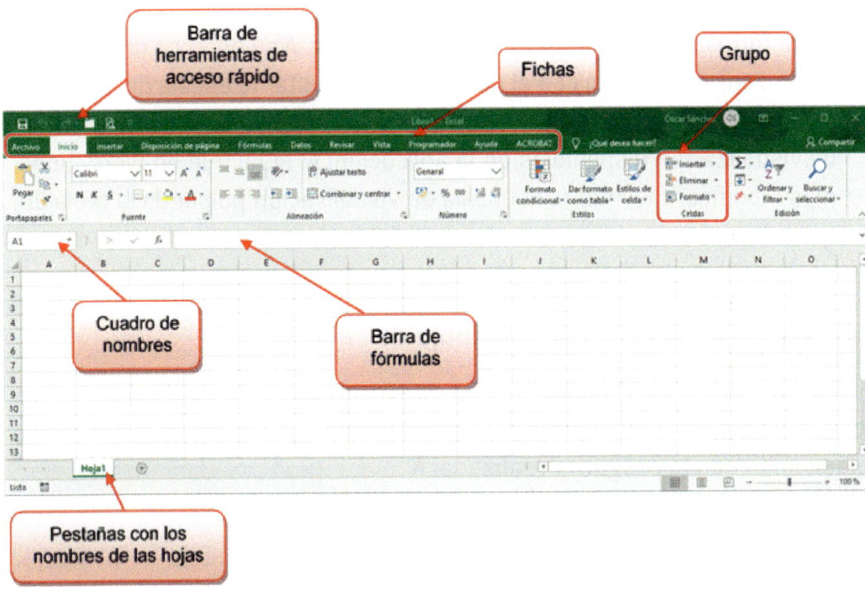

- En la parte superior de la pantalla observamos los nombres de las diversas **fichas** disponibles, fichas que nos permitirán acceder a las diversas funciones de la aplicación. Cuando pulsamos en una de ellas, se abren diversos botones en una cinta de opciones, situada bajo los nombres identificativos de las fichas. Dichos botones se agrupan en grupos con una cierta unidad lógica. Así, por ejemplo, en la ficha *Inicio* disponemos de los grupos *Portapapeles, Fuente, Alineación,* etc. Se puede especificar que la cinta de opciones permanezca siempre visible o que se oculte pulsando con el botón secundario del ratón sobre ella y desactivando o activando la opción *Contraer la cinta de opciones.*

- La **zona de trabajo** está ocupada por la hoja de cálculo propiamente dicha, la tabla a la que hemos hecho referencia anteriormente. Rodeando la tabla hay una serie de celdas con las letras que identifican cada columna y los números que identifican cada fila. Notemos que cuando el puntero del ratón se sitúa en la zona de trabajo, se convierte en una cruz.
- A la derecha y debajo de la hoja de cálculo encontramos sendas **barras de desplazamiento** con las que podremos movernos por la hoja vertical y horizontalmente.
- En la misma línea que la barra de desplazamiento horizontal disponemos de varias **pestañas** que nos permiten acceder a las diversas hojas de nuestro libro.
- En la parte inferior de la ventana, la **barra de estado** nos proporciona diversas informaciones y cómputos de nuestra hoja. A su derecha disponemos de un control de zoom con el que podemos ajustar la escala de visualización del documento y de varios botones para activar los diversos modos de visualización disponibles en la aplicación. Al igual que en Word, podemos modificar fácilmente la escala de visualización pulsando la tecla *Ctrl* y, a la vez, moviendo la rueda de *scroll* del ratón.

1.5. Ayuda de la aplicación de hoja de cálculo

Hasta la versión 2003 (incluida esta) existía el *Ayudante de Office*, a través del cual se especificaban preguntas al programa y él mostraba el contenido relacionado con la pregunta realizada. A partir de la versión 2007 los ayudantes fueron sustituidos por un nuevo sistema de ayuda.

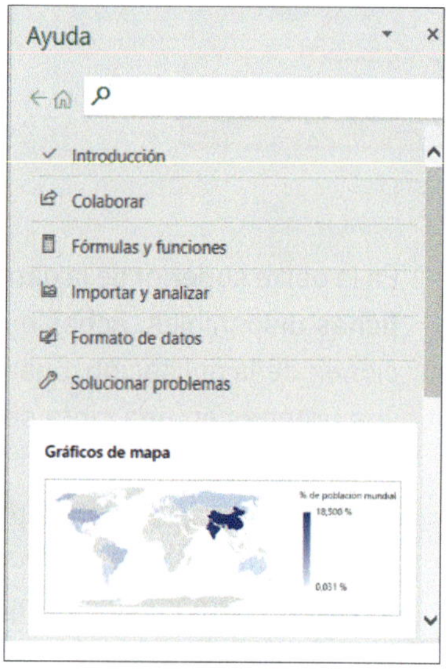

Esta herramienta era un punto de entrada para el sistema de ayuda de la aplicación, presentando varias funciones de búsqueda de ayuda, al igual que ofrecía consejos.

En la actualidad, al pulsar la tecla *F1* se accede a la ventana *Ayuda*, tal y como se muestra en la imagen, en donde seleccionaremos la ayuda que se desea, o bien, escribiremos en qué deseamos que nos ayude.

1.6. Opciones de visualización (zoom, vistas, inmovilización de zonas de la hoja de cálculo, etc.)

Cuando trabajamos con Excel varias son las opciones disponibles relacionadas con la visualización de la zona de trabajo, controlándose todas ellas a través de la ficha *Vista.*

1.6.1. Zoom

Ya hemos indicado anteriormente que en la barra de estado disponemos de un control de zoom con el que podemos ajustar la escala de visualización del documento, tal y como se muestra en la siguiente imagen.

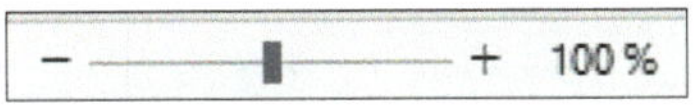

Además, disponemos del grupo *Zoom,* dentro de la ficha *Vista,* para poder controlar la vista de la hoja de trabajo:

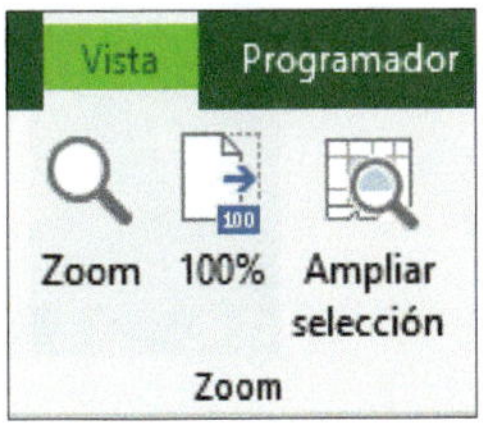

- Zoom. Abre el cuadro de diálogo que lleva su nombre para especificar el nivel de zoom del espacio de trabajo.
- 100%. Aplica un zoom del 100% del tamaño normal del espacio de trabajo.
- Ampliar selección. Al pinchar sobre este icono se realiza un zoom para que el rango de celdas seleccionado rellene toda la ventana.

1.6.2. Vistas

Al igual que sucedía con Word, en Excel podemos trabajar con varias vistas, siendo la principal novedad de esta versión la vista *Diseño de página.*

- **Vista preliminar.** Esta opción muestra una vista preliminar en la pantalla de lo que se imprimirá. Es muy útil para realizar las modificaciones necesarias antes de imprimir, evitando de este modo el gasto innecesario tanto de papel como de tinta de impresora.

  Se accede a esta opción desde la ficha *Archivo* opción *Imprimir.*

  Las opciones disponibles al realizar la vista preliminar, tal y como se muestran en la siguiente imagen, son las siguientes:

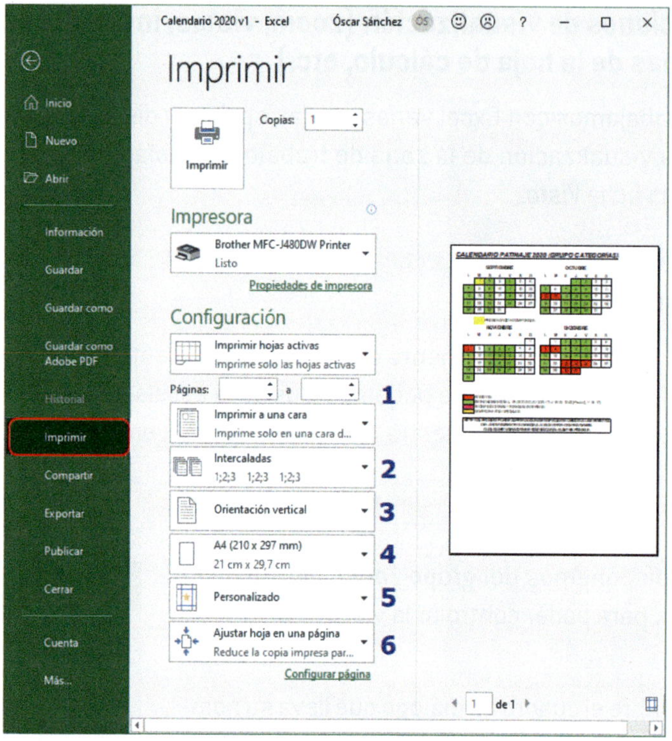

Las opciones de *Configuración* disponibles dentro de este epígrafe son:

1. Páginas a imprimir. Desde la primera opción de la configuración podremos establecer el contenido a imprimir, pudiendo elegir entre: *Imprimir hojas activas, Imprimir todo el libro* o *Imprimir selección.* Además, se pueden especificar las páginas a imprimir.

2. Intercaladas. Si el documento tiene varias páginas, y se desean imprimir varias copias de ellas, esta opción permite definir si las hojas saldrán intercaladas o no.

3. Orientación. Permite seleccionar la orientación de la hoja: vertical u horizontal.

4. Tamaño del papel. Desde aquí se puede seleccionar el tamaño del papel en el que se imprimirá.

5. Márgenes. Gracias a esta opción podremos modificar los márgenes del documento.

6. Escalado. Desde esta opción se podrá definir, si se desea, el ajuste de las páginas a imprimir, de tal forma que se podrá ajustar toda la página en una hoja, las columnas en una página...

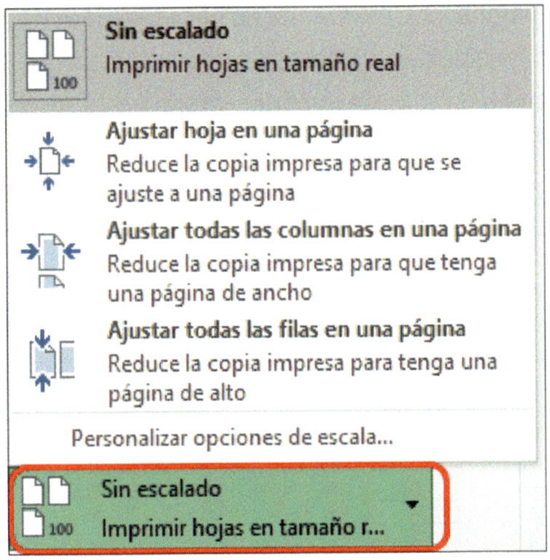

Configurar página. Al pulsar sobre esta opción se abre el cuadro de diálogo *Configurar página* a través del cual se podrán definir otros aspectos de la impresión, como la calidad de impresión, el establecimiento del *Encabezado y pie de página*, etc.

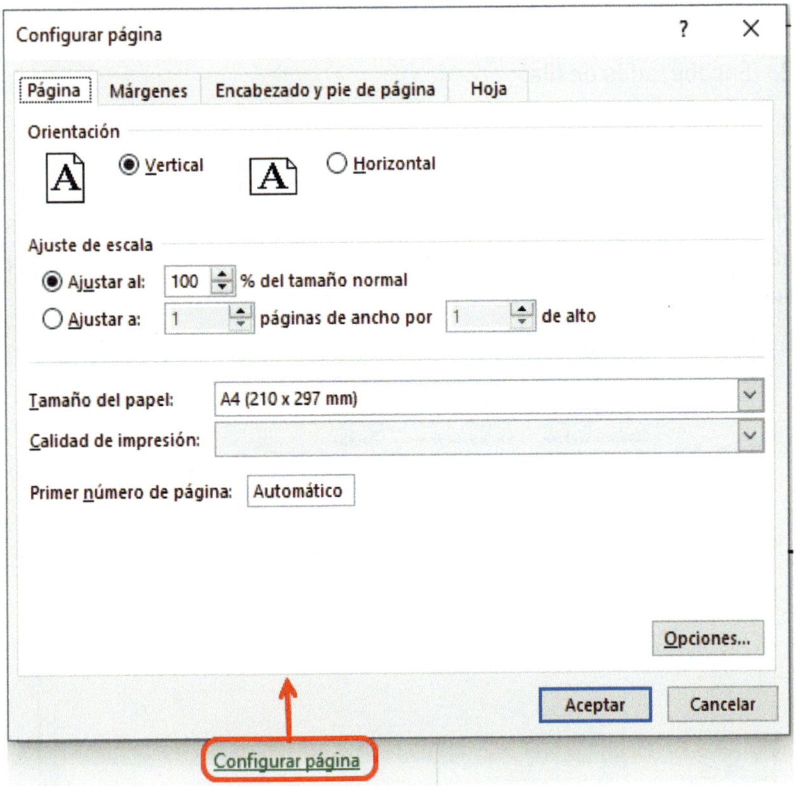

- **Vista normal.** Es la vista predeterminada y, en general, es la más utilizada.

- **Vista diseño de página.** Con esta vista, no hace falta la vista preliminar para hacer ajustes en la hoja de cálculo antes de imprimirla, ya que disponemos de los márgenes de página en la parte superior, lateral e inferior de la hoja de cálculo, además de un espacio azul entre las hojas; la regla lateral y superior ayudan a ajustar los márgenes. Es posible mostrar y ocultar las reglas según convenga (seleccionando la opción *Regla* de la ficha *Vista,* grupo *Mostrar).*

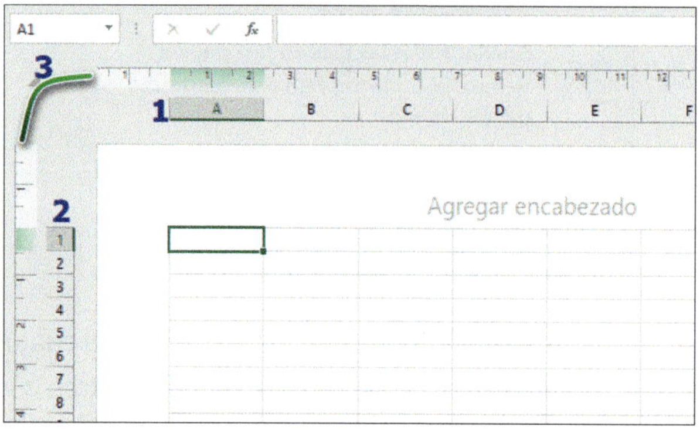

Las tres opciones marcadas en la imagen anterior son:

1. Encabezados de columna.
2. Encabezados de fila.
3. Reglas de margen.

Desde esta vista también es posible agregar encabezados y pies de página. A medida que se escribe en la nueva área de encabezados y pies de página en la parte superior o inferior de la página, se abre la ficha *Diseño* con todos los comandos necesarios para crearlos.

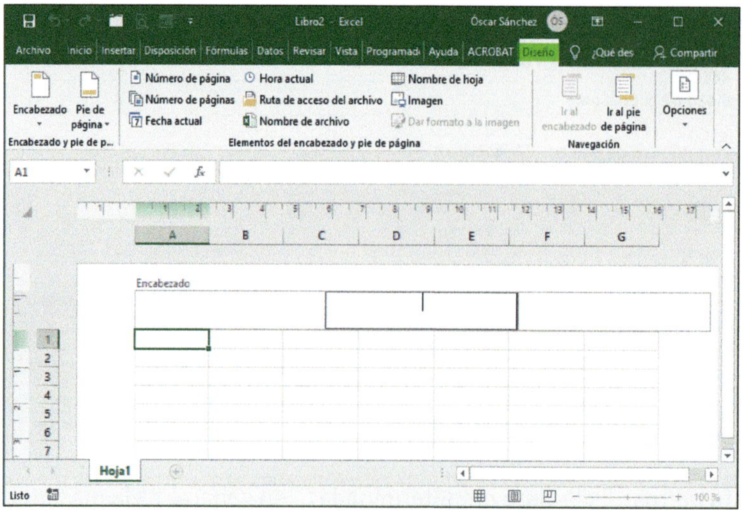

- **Ver saltos de página.** Permite ajustar manualmente los saltos de página.

1.6.3. Inmovilizar zonas de trabajo

En hojas muy extensas, nos puede resultar cómodo dividir la ventana de visualización en partes que nos permitan ver, al mismo tiempo, distintas zonas de la hoja no adyacentes. Para ello utilizaremos la opción *Inmovilizar paneles*, disponible en la ficha *Vista,* grupo *Ventana.*

Para trabajar con esta opción se deben llevar a cabo las siguientes acciones:

1. Se selecciona una celda a partir de la cual se quiere hacer la división.
2. Seleccionamos la opción *Inmovilizar paneles.*
3. Aparece un menú el que le indicaremos cómo queremos realizar la inmovilización.

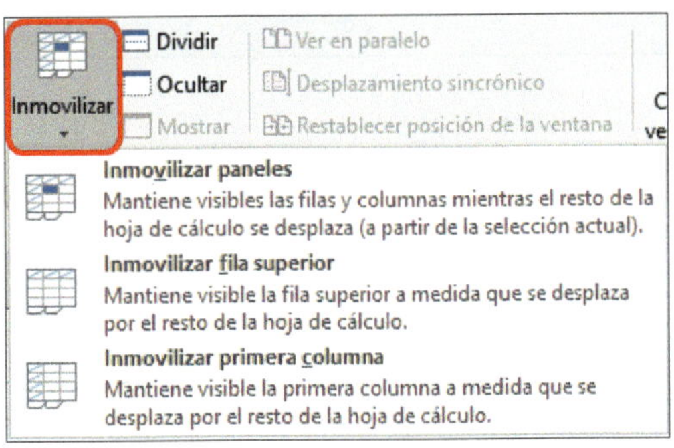

4. Excel coloca dos divisiones una vertical y una horizontal en el lugar en donde se encuentra la celda activa, tal como se muestra en la siguiente imagen.

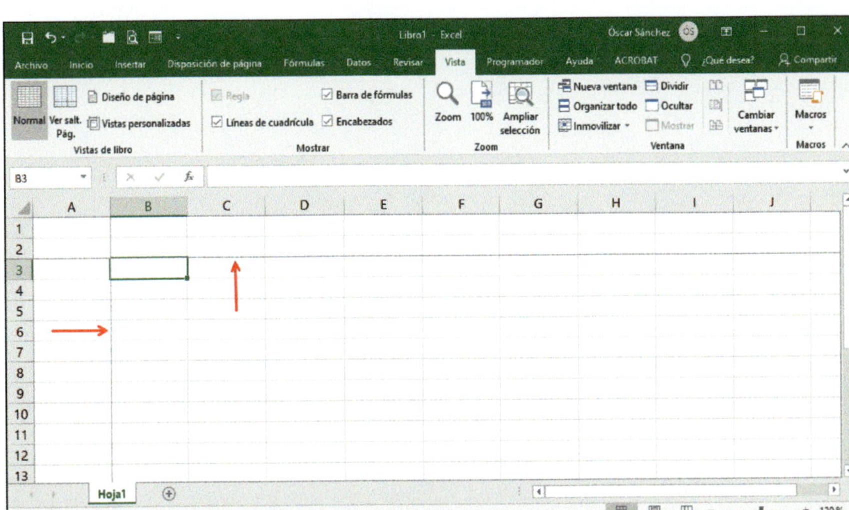

Para desactivar las divisiones que creemos bastará con seleccionar la opción *Movilizar paneles* como se muestra en la imagen siguiente.

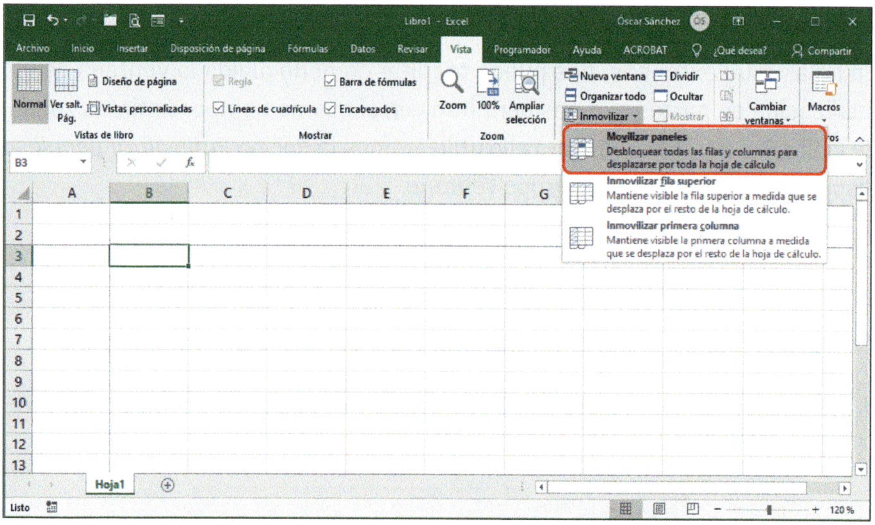

2. Desplazamiento por la hoja de cálculo

Introducción

Una vez que nos hayamos familiarizado con la distribución del espacio de trabajo, podemos comenzar a introducir datos en nuestra hoja, datos con los que posteriormente realizaremos todo tipo de operaciones matemáticas.

Contenido

2.1. Mediante teclado

Dependiendo de las diversas aplicaciones, una hoja de cálculo puede tener entre decenas de millones y miles de millones de celdas. Esas celdas están organizadas en **filas** —horizontales— y **columnas** —verticales—. Las columnas se identifican mediante una letra y las filas mediante un número, de modo que una celda tiene una referencia única dada por la combinación de las referencias de su fila y su columna: A5, N7, etc.

Cuando nos desplazamos por la hoja de cálculo, podemos ver cómo la celda **activa** queda recuadrada con un borde negro, y la fila y la columna a la que pertenece también aparecen resaltadas con otro color. Además, la referencia de la celda activa se muestra en una caja de texto situada en la parte superior izquierda de la ventana de la aplicación, debajo de la cinta de opciones. Dicha caja de texto que indica la referencia o el nombre de la celda se denomina *cuadro de nombres*.

Para desplazarse por la hoja de cálculo mediante el teclado existe una serie de combinaciones de teclas que nos permiten el desplazamiento:

Tecla	Operación
←, →, ↑, ↓	Desplazamiento de la celda activa en la dirección de la flecha.
ENTER	Desplazamiento una celda hacia abajo e introducción en la celda de los datos que hayamos escrito.
TAB	Desplazamiento una celda hacia la derecha.
Mayús. + TAB	Desplazamiento una celda hacia la izquierda.
Ctrl + ←, etc.	Desplazamiento hasta la siguiente entrada de una fila o columna; cuando Excel encuentra varias entradas consecutivas, se desplaza hasta la última celda; en el caso de que en la fila o columna actual no haya entradas, se desplaza hasta la siguiente fila o columna.
Inicio	Desplazamiento hasta la primera celda de la fila.
Ctrl + Inicio	Desplazamiento hasta la celda A1.
Ctrl + Fin	Desplazamiento hasta la entrada situada en el extremo inferior derecho.
RePág	Desplazamiento hacia arriba de pantalla en pantalla.
AvPág	Desplazamiento hacia debajo de pantalla en pantalla.
Alt + RePág	Desplazamiento hacia la derecha de pantalla en pantalla.
Alt + AvPág	Desplazamiento hacia la izquierda de pantalla en pantalla.

2.2. Mediante ratón

Para desplazarse por la hoja de cálculo con el ratón, el método es sumamente intuitivo: nos desplazamos por el documento mediante las barras de desplazamiento hasta visualizar la celda que deseamos activar y hacemos clic sobre ella.

2.3. Grandes desplazamientos

Además de estos modos de desplazamiento, en Excel contamos con la opción *Ir a*, cuadro de diálogo que se activa mediante la tecla de función *F5*, y que nos permite acceder rápidamente a una determinada celda sin más que escribir su referencia.

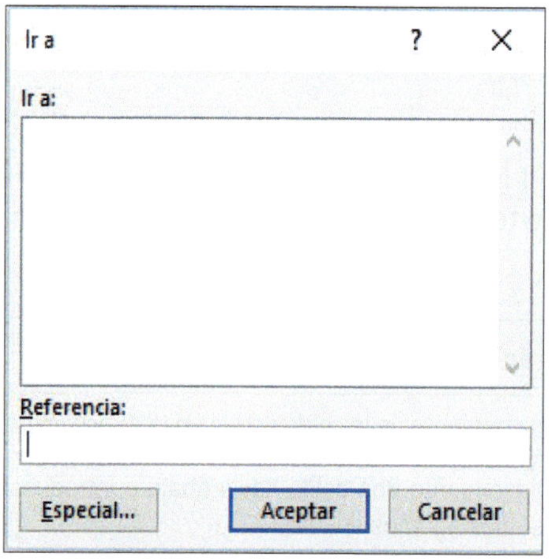

También podemos realizar grandes desplazamientos con las siete últimas combinaciones de teclas que hemos visto anteriormente.

2.4. Barras de desplazamiento

En la ventana de trabajo de Excel disponemos de dos barras de desplazamiento: una vertical y otra horizontal, tal y como se muestra en la siguiente imagen.

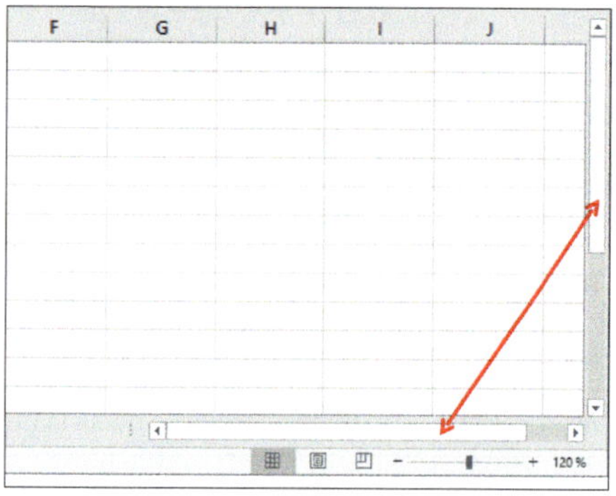

A través de ellas nos desplazamos por la hoja de cálculo de arriba abajo y de izquierda a derecha, respectivamente.

3. Introducción de datos en la hoja de cálculo

Introducción

En una hoja de cálculo, la información que introduzcamos debe tener una cierta estructura. Antes de comenzar a introducir datos, por tanto —especialmente en hojas de cálculo de cierto tamaño y complejidad— conviene antes diseñar la distribución de la información. En ocasiones es muy útil preparar un diagrama o esquema en papel para hacerse una idea gráfica de dónde irá situada la diversa información que introduciremos en el documento.

Contenido

3.1. Tipos de datos:

- Numéricos
- Alfanuméricos
- Fecha/hora
- Fórmulas
- Funciones

3.1. Tipos de datos

Para introducir un dato en una determinada celda, simplemente nos desplazamos a ella y lo escribimos en el teclado. Para la introducción de datos numéricos, lo más rápido es el uso del teclado numérico. (Recordemos que para emplearlo debe estar encendido el piloto *Bloq Num* o *Num Lock*). Al introducir el dato, este rellena la celda y se muestra asimismo en la caja de texto situada por encima de la tabla.

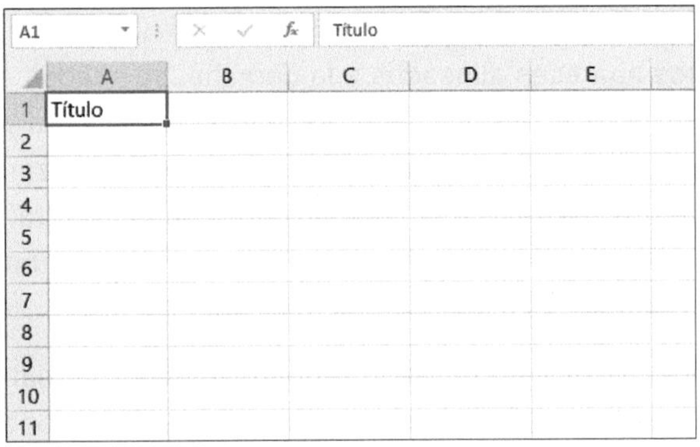

Una vez escrito un dato de cualquiera de los tipos posibles, que veremos más adelante, este debe validarse o confirmarse mediante alguno de los siguientes métodos:

- Pulsando la tecla *ENTER.*
- Pulsando la tecla *TAB.*
- Pulsando una de las teclas de desplazamiento.

Notemos, por tanto, que por defecto las flechas de desplazamiento no sirven para desplazarse por los caracteres del dato de una celda, sino solo para pasar de una celda a otra.

Si pulsamos la tecla *F2,* enfocamos el cursor en el contenido de la celda, haciendo que las flechas de desplazamiento nos permitan desplazarnos por los caracteres del dato; volviendo a pulsar *F2* volvemos al comportamiento habitual.

Cuando introducimos datos de texto en una columna, Excel verifica todas las entradas efectuadas en dicha columna anteriormente y tratará de "deducir" el contenido que estamos escribiendo: si se encuentra alguna entrada similar, la función *Autocompletar* propondrá introducirla. Podemos aceptar esta propuesta pulsando la tecla *ENTER.* Si la "deducción" que ha efectuado el programa no es correcta, bastará seguir escribiendo la entrada y el autocompletado se desactivará en cuanto encuentre la primera diferencia entre el texto escrito y el de la entrada propuesta.

Las celdas pueden contener los siguientes tipos de datos: texto, números, fechas y horas, fórmulas, funciones y referencias a celdas.

- Los datos tipo **texto** aparecen alineados a la izquierda. Si el texto no cabe en la celda, pasa a ocupar tantas celdas a su derecha como necesita para ser visualizado, sin embargo queda registrado únicamente en la primera celda.
- Los **números** aparecen alineados a la derecha. Se pueden escribir con o sin punto de millar. En los decimales se utiliza la coma para separar la parte entera de la parte decimal. Si en lugar de la coma utilizamos un punto para separar los decimales, la hoja de cálculo lo interpreta como texto y lo alinea a la izquierda. Hay que tener en cuenta que el punto del teclado numérico se interpreta como si fuera una coma.
- Tanto las **fechas** como las **horas** se alinean también automáticamente a la derecha. Las fechas se escriben con alguno de los formatos admitidos por el programa. El formato que asigna por defecto es dd/mm/aaaa (dos dígitos para el día, dos para el mes y cuatro para el año). Las horas se registran por defecto en el formato hh:mm:ss (dos dígitos para las horas, dos para los minutos y otros dos para los segundos) pero también se admiten otros formatos.
- Las **fórmulas** son expresiones matemáticas que se utilizan para realizar cálculos, **siempre deben empezar con el signo igual** (=), y están formadas por datos y operadores:

  ✓ Los **datos** pueden ser números, referencias a otras celdas, rangos de celdas (conjuntos de celdas) o funciones.

  ✓ Los **operadores** son los símbolos que representan el tipo de cálculo: sumar, restar, multiplicar, dividir, % porcentaje, elevar a (exponencial), etc.

  ✓ También se pueden utilizar operadores de comparación (= Igual que, > Mayor que, > = Mayor o igual que, < > Distinto que, etc.).

  El orden en que Excel realiza las operaciones es distinto en función de si hemos escrito o no paréntesis:

  A. **Si no hemos escrito paréntesis:**

  Primero: Porcentajes (%) y exponenciales (^).

Segundo: Multiplicaciones (*) y divisiones (/).

Tercero: Sumas (+) y Restas (-)

Ejemplo: 800*5%–30/6+3^2

1º	800*5% = 40 3^2 = 9
2º	30/6 = 5
3º	40–5+9 = 44

B. **Si hemos escrito paréntesis** se cambia la prioridad de las operaciones realizando primero las que hemos escrito entre paréntesis.

Ejemplo: 800*5% –30/(6+3^2)

1º	800 * 5% = 40 3^2 = 9
2º	6 + 9 =15 30/15 = 2
3º	40 – 2= 38

- Las **funciones** son fórmulas predefinidas para realizar cálculos específicos. En un apartado posterior nos ocuparemos de las más básicas.
- En lugar de con números, también podemos hacer cálculos utilizando **referencias a celdas**. Por ejemplo, suponiendo que en la celda A1 hubiéramos escrito un 2, en la C9 un 8 y en la B6 escribiéramos =A1*C9, el resultado sería 16.
- Además si modificamos el contenido de cualquiera de las celdas (A1 y A2), el resultado de la celda B6 también cambia.

Ejercicios prácticos

ACTIVIDAD 3.1

Realiza cada uno de los siguientes apartados numerados. Solamente tienes que seguir las instrucciones, y no te preocupes si hay algo que no entiendes, a lo largo del libro te lo iremos explicando.

Datos tipo texto:

1. Abre un libro o archivo de hoja de cálculo.
2. Haz doble clic sobre la pestaña de la Hoja 1 y cámbiale el nombre por el de TEXTO.
3. Colócate en la celda A1 y escribe LA HOJA. Fíjate cómo la frase aparece también escrita en la *Barra de fórmulas* y que ha quedado alineada a la izquierda.
4. Sitúate en A2 y escribe LA HOJA DE CÁLCULO. Observa cómo ahora la frase ocupa dos celdas, A2 y B2.
5. Haz clic primero en A2 y luego en B2 fijándote cómo cambia el contenido de la *Barra de fórmulas.* Habrás comprobado cómo, a pesar de ocupar dos celdas, el dato se encuentra en A2, que es la celda dónde lo introdujiste.

Números:

1. Seguimos trabajando en el mismo libro. Añade una nueva hoja, haz doble clic sobre la pestaña Hoja 2 y llámala **NÚMEROS**.
2. Escribe **1234** en la celda A1 y fíjate como queda alineado a la derecha. Pulsa *Intro.*
3. Ahora escribe **1.234** en la celda A2 teniendo cuidado de escribir el punto con el teclado alfanumérico (el de las letras). Luego pulsa *Intro.* A continuación, vuelve a hacer clic en la celda A2 y observa cómo en la *Barra de fórmulas* no aparece el punto de millar.
4. Escribe **12.34** en la celda A3 y pulsa *Intro.* Fíjate cómo la cifra ahora ha quedado alineada a la izquierda. Esto es porque al no ser punto de millar, la ha considerado como texto y no como número.
5. Escribe **1234,56** en la celda A4 utilizando para la coma el punto del teclado numérico. Luego pulsa *Flecha abajo.* Observa cómo ha escrito la coma de decimal.

Fechas y horas:

1. Continuamos en el mismo libro. Añadimos una nueva hoja y la llamamos **FECHAS Y HORAS**.
2. Escribe **1/1/2021** en la celda A1 y pulsa *Intro.* Observa cómo por defecto le ha asignado el formato dd/mm/aaaa (dos dígitos para el día, dos para el mes y cuatro para el año).
3. Escribe **1/13/2020** en la celda A2 y pulsa *Flecha abajo.* Fíjate que la ha alineado a la izquierda porque como no existe el mes trece, lo ha considerado como un dato tipo texto.
4. Ahora introduce **30/02/2021** en la celda A3 y pulsa *Intro.* Vuelve a alinear a la izquierda. ¿Por qué? Seguro que lo has adivinado. Claro que sí, febrero nunca tiene treinta días.
5. Escribe **14 MARZO** en la celda A4 y pulsa *Intro.* Luego regresa a la celda A4 con la tecla *Flecha arriba* y fíjate cómo en la *Barra de fórmulas* lo ha escrito en el formato genérico de fecha (dd/mm/aaaa).
6. Sitúate en la celda A5, escribe **4-julio-2021** y pulsa *Intro.* Observa que la fecha ha quedado escrita con dos dígitos para el día, las tres primeras letras del mes y los dos últimos dígitos del año.
7. Escribe **12:20** en la celda B1 y pulsa *Intro.* Haz clic sobre B1 y comprueba, fijándote en la *Barra de fórmulas,* como el dato ha quedado registrado como 12:20:00 (hh:mm:ss).
8. Escribe **11pm** en la celda B2 y pulsa *Intro.* Lo ha alineado a la izquierda porque lo ha considerado dato texto al no haber dejado un espacio de separación antes de pm. Ahora escribe **11 pm** (con el espacio de separación) en la celda B3 y pulsa *Intro.* Puedes ver que aparece como 11:00 PM alineado a la derecha. Haz clic sobre la celda B3 y observa que en la *Barra de fórmulas* ha quedado escrito en el formato genérico hh:mm:ss.

Fórmulas:

1. En el mismo libro crea una hoja nueva y llámala **FÓRMULAS**.
2. Escribe **=8400+5** en la celda A1 y pulsa *Intro* (no olvides escribir el igual). Vuelve a hacer clic sobre la celda A1 y observa cómo en la celda aparece el resultado de la fórmula (8405) pero en la *Barra de fórmulas* sigue figurando la fórmula que has introducido (=8400+5).
3. Escribe **=25-10** en A2 y pulsa *Intro.* Comprueba que es correcto el resultado.

4. Escribe =**12*2** en A3 para multiplicar 12 por 2, pulsa *Intro* y comprueba que es correcto el resultado.
5. Escribe =**14/7** en A4 para dividir 14 entre 7, pulsa *Intro* y comprueba el resultado.
6. Escribe =**10*6%** en B1 para calcular el 6 por ciento de 10, pulsa *Intro* y comprueba el resultado.
7. Escribe =**4^2** en B2 hacer 4 elevado a 2, pulsa *Intro* y comprueba el resultado. No te preocupes si no sale el símbolo ^ al pulsar su tecla, puesto que aparece al pulsar el siguiente carácter.
8. Escribe =**800*5%–30/6+3^2** en la celda G1 y pulsa *Intro.* El resultado ha de ser 44.
9. Ahora escribe =**800*5%-30/(6+3^2)** en la celda G2 y pulsa *Intro.* Te tiene que dar 38.

   Acabas de comprobar que cuando en una fórmula se colocan paréntesis, Excel cambia la prioridad de los cálculos, realizando primero los que se encuentran entre paréntesis.

10. Tras colocarte en la celda F1 haz clic en ***fx, Insertar función,*** selecciona la **función SUMA** y pulsa *Aceptar.* Escribe **26** en la **casilla Número 1**, **43** en la **casilla Número 2** y **12** en la **casilla Número 3.** Pulsa *Aceptar* y comprueba que el resultado es 81.
11. Ahora vamos a realizar el mismo cálculo de otra manera. Colócate en la celda F2, escribe =**SUMA(26;43;12)** y pulsa *Intro.*
12. Escribe =**A2+A3** en C1 para sumar el resultado de la celda A2 con el resultado de la celda A3, pulsa *Intro* y comprueba el resultado.
13. Colócate en A3, cambia 24 por **100** y pulsa *Intro.* ¿Qué ha ocurrido? El resultado de C1 ha cambiado a 115 porque cuando se cambia el valor de una celda que interviene en el cálculo de una fórmula, la hoja de cálculo recalcula automáticamente el resultado de la fórmula.
14. Sitúate en la celda C2, escribe =, luego haz clic en la celda A2, escribe +, haz clic en la celda A3, escribe +, haz clic en A4 y, por último, pulsa *Intro.*

    Acabas de aprender como operar con referencias a celdas sin tener que escribirlas, simplemente con hacer clic sobre las ellas.

15. Vamos a aprender otra forma de conseguir lo mismo. Colócate en la celda C3, escribe =**SUMA(A2:A4)** y pulsa *Intro.*

4. Edición y modificación de la hoja de cálculo

Introducción

El trabajo con la hoja de cálculo no se limita exclusivamente a la introducción de datos, ya que es posible que estos datos deban ser modificados, o bien necesitemos más filas o columnas para trabajar, o tengamos que realizar una copia de una hoja de cálculo.

Todo esto es lo que aprenderemos en este apartado.

Contenido

4.1. Selección de la hoja de cálculo

4.2. Modificación de datos:

- Edición del contenido de una celda
- Borrado del contenido de una celda o rango de celdas
- Uso del corrector ortográfico
- Uso de las utilidades de búsqueda y reemplazo

4.3. Inserción y eliminación:

- Celdas
- Filas
- Columnas
- Hojas de cálculo

4.4. Copiado o reubicación de:

- Celdas o rangos de celdas
- Hojas de cálculo

4.1. Selección de la hoja de cálculo

A menudo es preciso seleccionar un grupo de celdas para diversas operaciones: para darles formato, para moverlas o copiarlas en otro lugar, para eliminarlas, etc. La selección es un rectángulo que contiene una serie de celdas a las que se aplicará la operación que se efectúe a continuación: por ejemplo, si tras haber seleccionado un rectángulo de 3 por 2 celdas activamos el estilo de letra **negrita,** la información introducida en las celdas contenidas en dicho rectángulo se pondrá en negrita.

Al igual que ocurría con el desplazamiento, podemos hacerlo de dos modos: mediante el ratón y mediante el teclado. Seleccionar celdas mediante el ratón es una operación intuitiva, aunque en ocasiones resulta demasiado lenta o imprecisa. Basta arrastrar el puntero del ratón desde uno de los vértices del rectángulo que queremos seleccionar y trazar con el botón izquierdo pulsado una diagonal hasta el vértice opuesto.

Por otra parte, si hacemos clic con el botón izquierdo del ratón sobre el encabezado de una columna o una fila, dicha operación seleccionará toda la fila o columna.

En muchos casos, esta forma se selección es un tanto torpe: ¿qué ocurre si queremos seleccionar, por ejemplo, una fila de cien celdas? Para muchas operaciones de selección resulta más cómodo el uso del teclado.

Si a cualquiera de las formas de desplazamiento que hemos mencionado en el epígrafe anterior le sumamos la tecla *Mayús*, el borde de la selección rectangular se desplazará en consecuencia. Es decir, si pulsamos *Mayús* y una de las flechas de desplazamiento, la selección crecerá hacia la derecha, izquierda, abajo o arriba desde la celda que estuviese inicialmente activa; si pulsamos *Mayús* y *AvPág,* la selección crecerá hacia abajo una pantalla, y así sucesivamente.

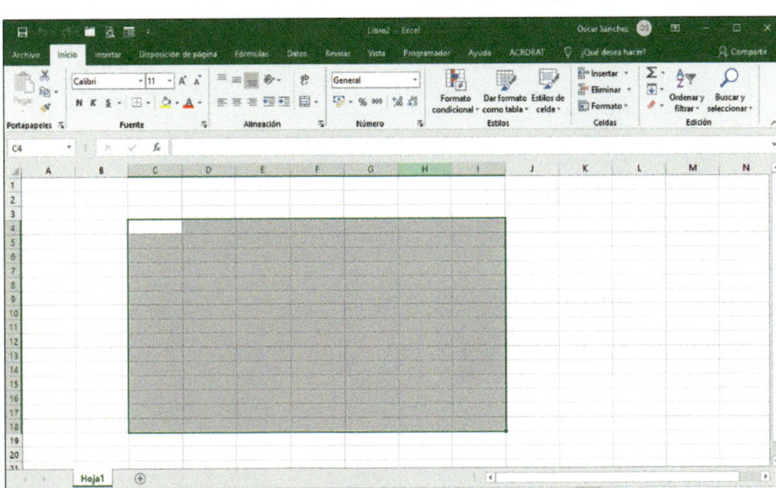

Asimismo, podemos seleccionar varios conjuntos de celdas contiguas mediante la selección con el ratón (de grupos de celdas o bien de filas o columnas enteras) manteniendo pulsada, a la vez, la tecla *Ctrl*.

Cuando efectuamos esta selección, la celda de la que partimos al trazar el rectángulo con el ratón no aparece resaltada con el color de fondo de la selección; fijémonos, no obstante, en que la selección aparece rodeada por una línea gruesa; todas las celdas rodeadas por esta línea pertenecen a la selección, incluida la que queda con fondo blanco.

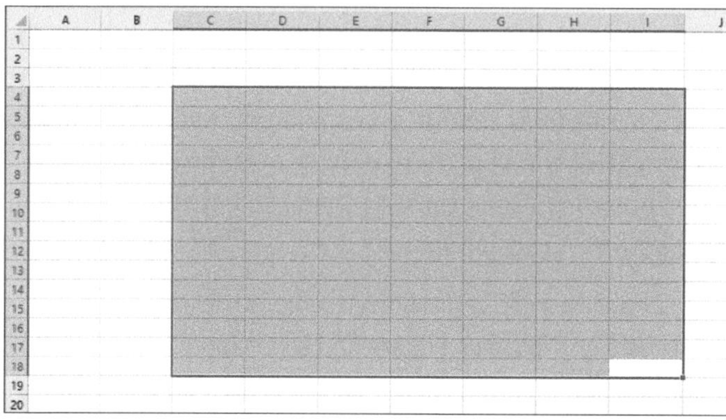

Cuando debemos seleccionar toda la hoja, podemos pulsar en la esquina del extremo superior izquierdo de la tabla o bien la combinación de teclado *Ctrl + E*.

En Excel es posible seleccionar un rango de celdas mediante el cuadro de diálogo *Ir a* (F5). En él escribiremos las referencias de los extremos del rango separadas por dos puntos (:) También es posible seleccionar varios rangos de celdas al mismo tiempo escribiendo cada uno de los rangos separados por un punto y coma (;). Si por ejemplo introducimos en *Ir a* las referencias de rangos "A1:F6; A8:C11", se seleccionarán los rectángulos o rangos de celdas que se muestran en la imagen.

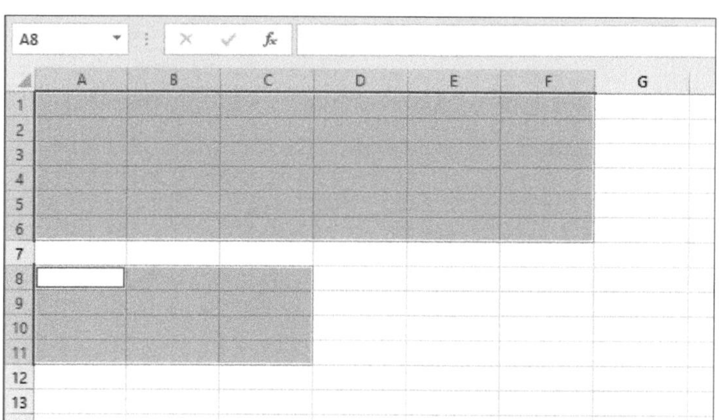

4.2. Modificación de datos

Modificar el contenido de una celda es una tarea muy sencilla: basta desplazarnos hasta ella e introducir el nuevo contenido. Cuando escribimos, el viejo contenido de la celda se verá sustituido completamente por el nuevo. Si lo que queremos es editar lo que había en la celda, podemos hacerlo haciendo clic sobre la caja de introducción de datos situada encima de la tabla o bien pulsar la tecla *F2* y editar el contenido en la propia celda.

Para borrar el contenido de una celda, nos desplazamos hacia ella y pulsamos la tecla *Supr.* Si se quieren eliminar varias celdas, deben seleccionarse previamente mediante alguno de los métodos vistos anteriormente. Además de ello, existen formas de borrado más sofisticadas.

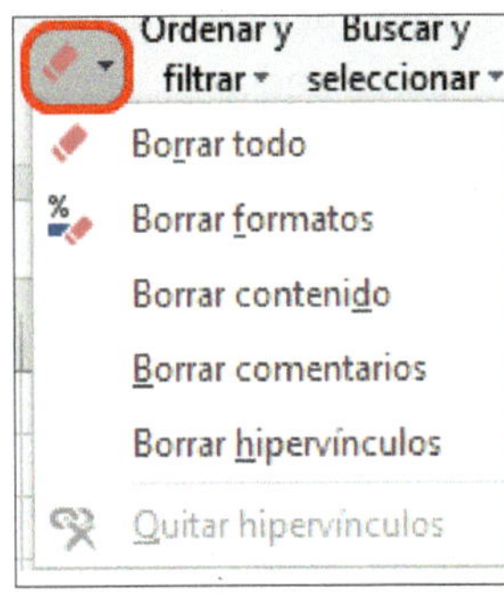

En la ficha *Inicio, Edición, Borrar* hallamos un menú que nos permite borrar el contenido, el formato, los comentarios o los hipervínculos de una celda o grupo de celdas previamente seleccionado (o todo ello si se desea).

Aunque no es muy habitual escribir grandes cantidades de texto en una hoja de cálculo, sí que es conveniente pasar el corrector ortográfico. En la ficha *Revisar,* grupo *Revisión* disponemos de las mismas opciones que tenemos en Word para realizar la revisión de nuestro trabajo.

Para realizar esta revisión pulsaremos sobre el icono *Ortografía* apareciendo un cuadro de diálogo como el que se muestra en la siguiente imagen.

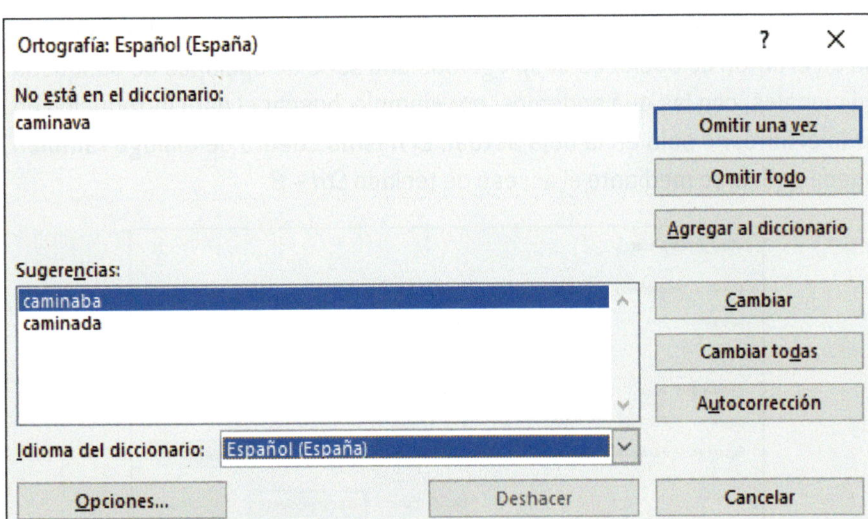

Siguiendo esta imagen las opciones que se nos presentan son las siguientes:

- **"No está en el diccionario:"** aparece en color rojo la palabra no encontrada *(prueva)* y la frase del texto en la que se encuentra esa palabra.
- **"Sugerencias:"**, que contiene una lista con las palabras más parecidas que ha encontrado Excel en sus diccionarios.
- **Omitir una vez**. No realiza ninguna acción sobre la palabra no encontrada y continúa revisando el documento.
- **Omitir todo**. Cada vez que vuelva a encontrar la misma palabra la pasará por alto sin realizar ninguna acción sobre ella. Continúa revisando el documento.
- **Agregar al diccionario**. Añade la palabra no encontrada al diccionario personalizado.
- **Cambiar**. La palabra seleccionada de la lista de sugerencias sustituirá a la palabra no encontrada.
- **Cambiar todas**. Cambia automáticamente todas las veces que aparezca la palabra seleccionada de la lista de sugerencias por la palabra no encontrada.

Otras opciones disponibles para la edición de los datos es la utilización de *Buscar y seleccionar*. Para buscar un texto hacemos clic sobre el botón *Buscar y seleccionar* de la ficha *Inicio*. Ese botón abre un menú en el que seleccionaremos *Buscar*; con ello aparece el cuadro de diálogo *Buscar y reemplazar*, en el que introduciremos el texto o dato numérico a buscar (el denominado *patrón de búsqueda*).

Si seleccionamos previamente un grupo de celdas, la búsqueda se ceñirá a las celdas seleccionadas; si no lo hacemos, Excel buscará en toda la hoja. Pulsando en el botón de *Opciones* desplegamos una serie de opciones de búsqueda adicionales, con las que podemos, por ejemplo, buscar el dato introducido en todo el libro, no solo en la hoja actual. El mismo cuadro de diálogo también puede activarse mediante el acceso de teclado *Ctrl + B*.

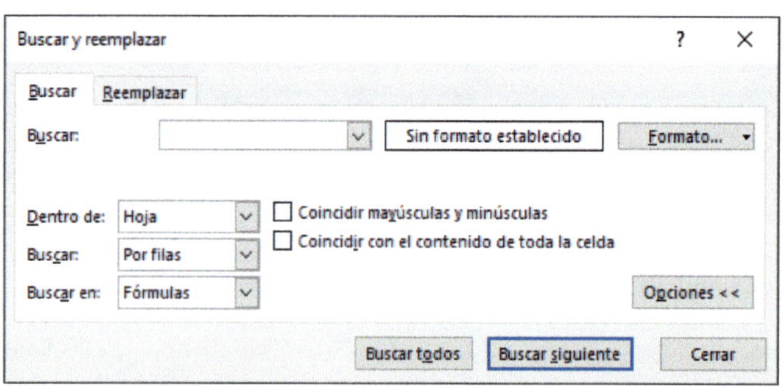

Si queremos reemplazar un determinado texto o dato numérico por otro en nuestra hoja (o en un grupo de celdas previamente seleccionado), pulsaremos el botón *Buscar y seleccionar* y a continuación la opción *Reemplazar*. También podemos activar el reemplazo de texto mediante la combinación de teclas *Ctrl + L.*

En el cuadro de diálogo incluiremos el texto o dato a buscar y el texto o dato con el que debe reemplazarse. Existe la opción de efectuar el reemplazo de modo supervisado (pulsando el botón *Buscar siguiente* y, si el texto que encuentra decide remplazarse, pulsando el botón *Reemplazar*) o bien de modo automático (pulsando el botón *Reemplazar todos* sustituirá todas las apariciones del dato introducido por el texto indicado).

4.3. Inserción y eliminación

4.3.1. Filas y/o columnas

Es posible eliminar una columna o fila enteramente; asimismo, se puede insertar una columna o fila entre dos existentes.

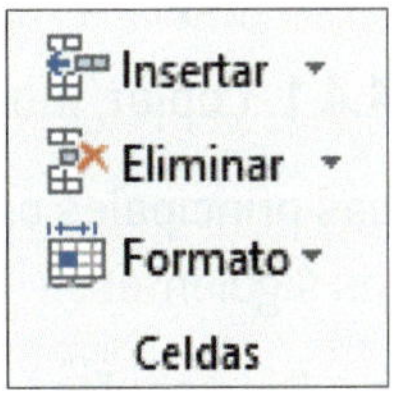

Nos situaremos en el encabezamiento de la fila o la columna que deseamos eliminar, pulsaremos el botón derecho y escogeremos la opción *Eliminar.* Si queremos insertar una nueva fila o columna, emplearemos el mismo procedimiento y la opción *Insertar*, que insertará la correspondiente fila o columna *antes* de la que hayamos marcado. Asimismo, pueden emplearse los botones *Insertar* y *Eliminar* del grupo *Celdas,* en la ficha *Inicio.*

4.3.2. Hojas de cálculo

Cuando se abre Excel, por defecto, se crea una hoja de cálculo: Hoja1; pero es posible seguir agregando más hojas. Para llevar a cabo esta acción disponemos de dos alternativas:

- A través del icono *Insertar* de la ficha *Inicio,* grupo *Celdas.* Al desplegarlo, tenemos la opción *Insertar hoja.*
- A través de las pestañas con el nombre de las hojas, ubicadas en la parte inferior izquierda de la ventana. Al hacer clic sobre cualquiera de las hojas con el botón derecho del ratón nos aparece el menú contextual con la opción *Insertar.* Al seleccionarla, se abre un cuadro de diálogo en el que le indicaremos qué es lo que queremos insertar, tal y como se muestra en la siguiente imagen.

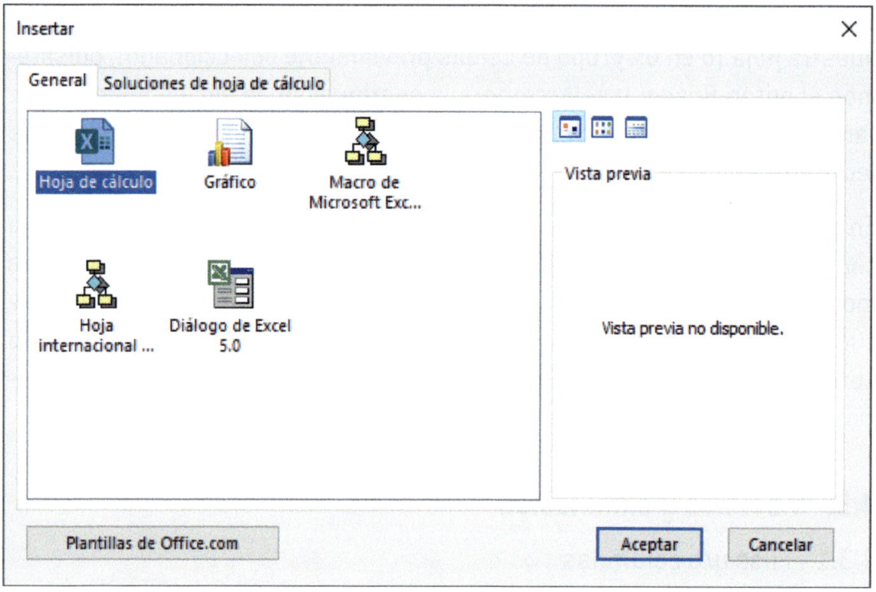

4.4. Copia o reubicación de celdas y hojas de cálculo

4.4.1. Copiar, mover y pegar celdas

Las principales operaciones de edición y la forma como se llevan a cabo son las siguientes:

- Para **copiar** una celda nos desplazaremos hasta ella y hacer clic sobre el botón *Copiar* de la ficha *Inicio,* en el grupo *Portapapeles*. A continuación nos desplazamos hasta el lugar donde queremos situar el contenido de la celda que hemos copiado y pulsamos el botón *Pegar*. Las mismas operaciones pueden efectuarse con los atajos de teclado *Ctrl + C* (copiar) y *Ctrl + V* (pegar). Si queremos copiar varias celdas, las seleccionaremos previamente, copiaremos y pegaremos; Excel reproducirá el bloque (o los bloques) de celdas seleccionadas a partir de la celda en la que peguemos dicha selección. Podemos observar cómo al pulsar *Copiar*, la celda o celdas se rodean por una línea de puntos en movimiento. Cuando pegamos una celda o grupo de celdas, aparece junto a ellas un pequeño icono. Pulsando sobre él se abre un menú con diversas opciones de pegado.
- Para **mover** una celda o grupo de celdas, efectuamos las misma operaciones que para copiarlas, pero en lugar hacer clic sobre el botón *Copiar*, lo hacemos sobre el botón *Cortar* (o bien empleamos el atajo de teclado *Ctrl + X*).

Al pegar las celdas en su nueva ubicación, estas desaparecerán del lugar en el que estaban originalmente.

- Otra alternativa para mover y copiar datos es el uso del ratón: al seleccionar una celda o un rango de celdas y situar el puntero del ratón sobre el borde de dicha selección, el puntero adquiere la apariencia de una cruceta —dos flechas de doble cabeza perpendiculares entre sí—. Basta arrastrar (mover el ratón manteniendo pulsado el botón izquierdo) para llevar ese grupo de celdas a la ubicación deseada. Si lo que queremos es copiar los datos en lugar de moverlos, mantenemos pulsada la tecla *Ctrl* mientras arrastramos el bloque de celdas.
- Excel (al igual que el resto de aplicaciones de Office) nos ofrecen una utilidad muy práctica para las operaciones de copiar, cortar y pegar datos: el portapapeles. El portapapeles es un contenedor donde se recogen todos los elementos que copiamos o cortamos en cualquiera de las aplicaciones de Office. Podemos activarlo pulsando en la flechita situada en la esquina inferior izquierda del grupo *Portapapeles,* en la ficha *Inicio.* Haciendo clic sobre cualquiera de los elementos situados en el portapapeles pegaremos dicho elemento en nuestra hoja. En el ejemplo de la imagen, el portapapeles contiene una imagen (una captura de pantalla) y los datos de una celda y un grupo de celdas que se han copiado.

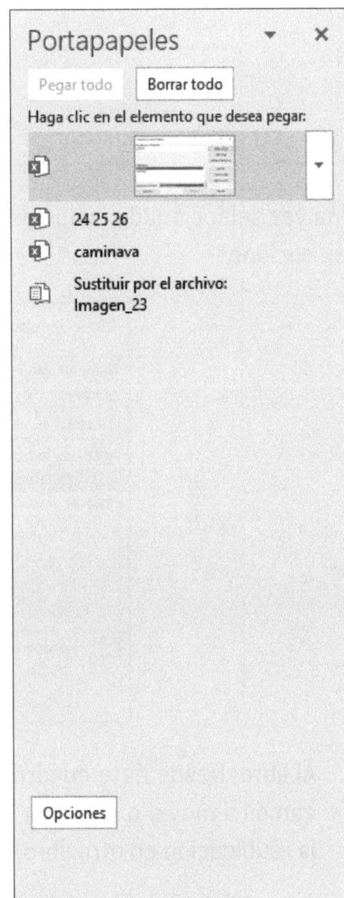

4.4.2. Copiar o mover hojas de cálculo

De la misma forma que es posible copiar o mover el contenido de las celdas, también es posible hacerlo con toda la hoja de cálculo. Para llevar a cabo esta acción, aunque se pueden utilizar las opciones de copiar, cortar y pegar que hemos visto anteriormente, es mucho más conveniente utilizar la opción *Mover o copiar* disponible en el menú contextual que aparece cuando hacemos clic en el nombre de las hojas, tal y como se muestra en la siguiente imagen.

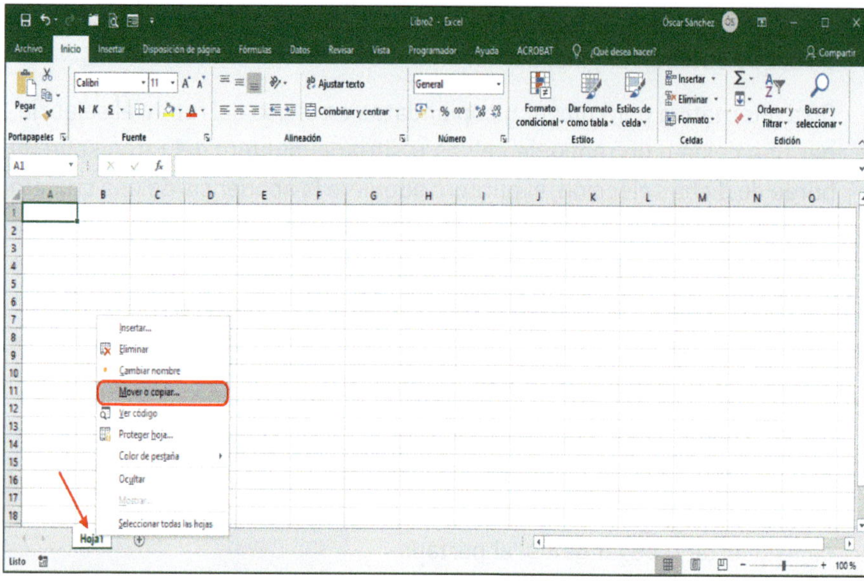

Una vez seleccionada la opción, se abre un cuadro de diálogo con las siguientes opciones:

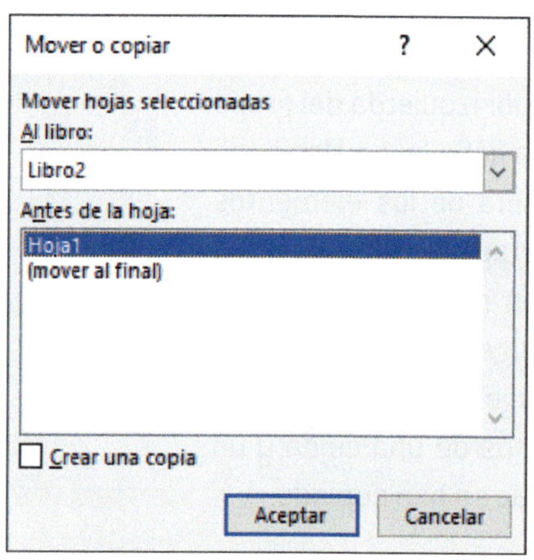

- **Al libro**. Desde este cuadro desplegable le indicaremos el libro en el cual vamos a mover o copiar la hoja de cálculo. Si queremos realizar la copia o la reubicación en otro libro, este deberá estar abierto.
- **Antes de la hoja:** Le indicaremos la ubicación de la hoja de cálculo. Si se selecciona la opción *(mover al final)*, la hoja se colocará la última hoja de todas.
- **Crear una copia.** Al marcar esta casilla lo que realizamos es una copia de la hoja de cálculo.

5. Almacenamiento y recuperación de un libro

Introducción

Ya hemos aprendido cómo insertar o borrar el contenido de las celdas, así como desplazarnos por la hoja.

A lo largo de este apartado veremos cómo crear, abrir, guardar y cerrar libros. En Excel las funciones para el trabajo con archivos se encuentran disponibles en la ficha *Archivo*. Al pulsar sobre él se despliega un menú en dos columnas: en la de la izquierda contamos con las opciones de *Guardar*, *Guardar como*, *Abrir*, etc., y en la de la derecha disponemos de accesos rápidos a los últimos ficheros editados.

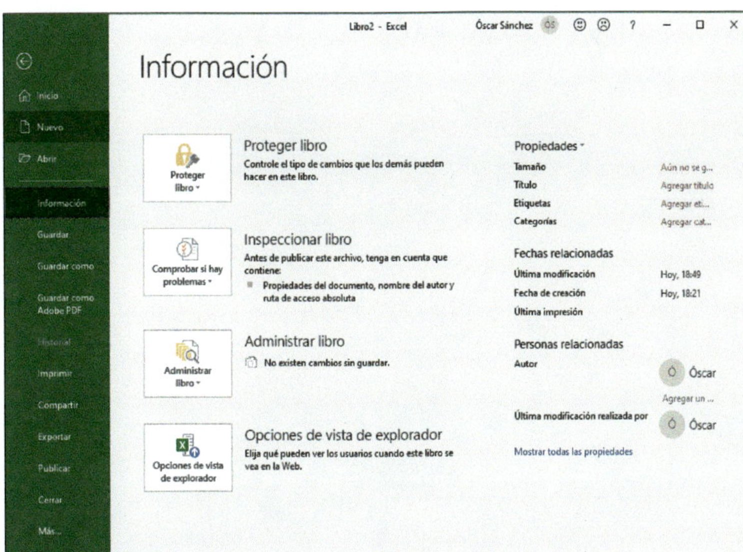

Contenido

5.1. Creación de un nuevo libro

Cuando se accede a Excel podremos iniciar un libro en blanco o crearlo a partir de una de las muchas plantillas que están disponibles en Excel, tal y como se puede apreciar en la siguiente imagen.

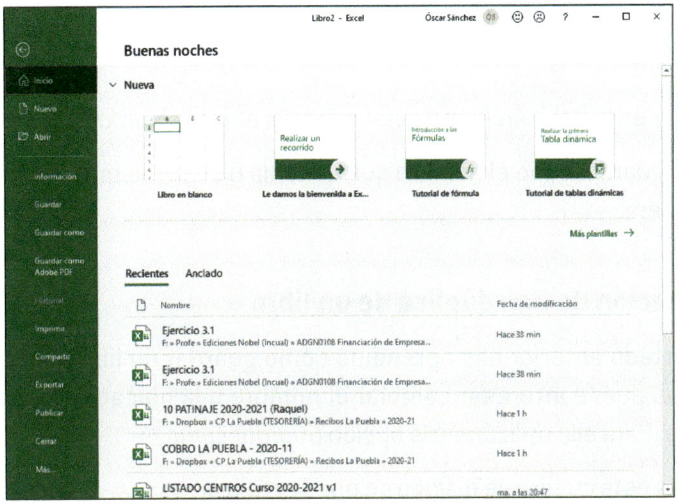

5.2. Abrir un libro ya existente

Si lo que se desea es abrir un libro ya creado, debemos pulsar sobre la ficha *Archivo* y seleccionar la opción *Abrir*. Nos aparecerá la ventana que se muestra en la siguiente imagen, en la que le indicaremos la ubicación del archivo que deseamos abrir.

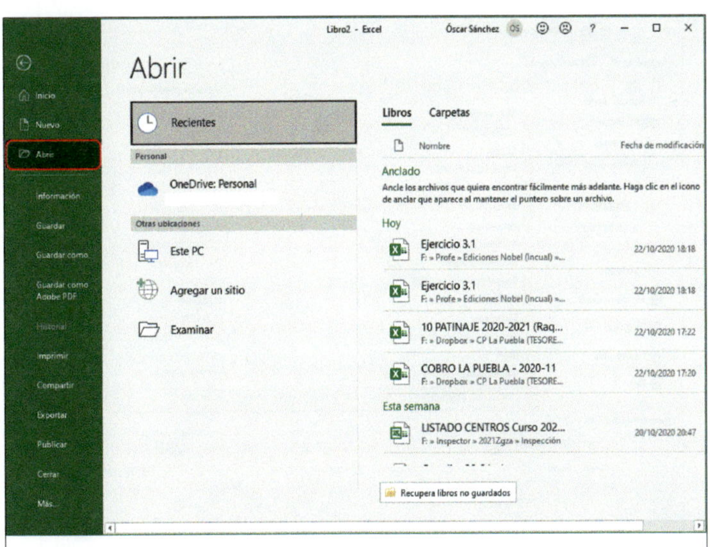

5.3. Guardado de los cambios realizados en un libro

Antes de abandonar un libro deberemos guardar los cambios realizados en el mismo, ya que, de no hacerlo, habremos perdido el trabajo que hayamos realizado.

Tenemos dos opciones para guardar:

- Pinchar en el icono *Guardar* que está en la barra de herramientas de acceso rápido.
- Pinchar en la ficha *Archivo* y seleccionar la opción *Guardar*.

El libro se guardará con el nombre que ya tenía y en la misma ubicación en la que estuviera.

5.4. Creación de una dúplica de un libro

En el apartado anterior has aprendido cómo guardar un libro, pero en ocasiones nos puede interesar cambiar el nombre o la ubicación en la que se encuentra. Para ello utilizamos la opción *Guardar como*.

El acceso a este cuadro de diálogo se puede realizar:

- Pulsando la tecla *F12*.
- A través de la ficha *Archivo*, seleccionando la opción *Guardar como*.

En cualquiera de los dos casos nos aparecerá el cuadro de diálogo de la siguiente imagen, en el que deberemos especificarle el nuevo nombre y/o la nueva ubicación que queremos darle al archivo.

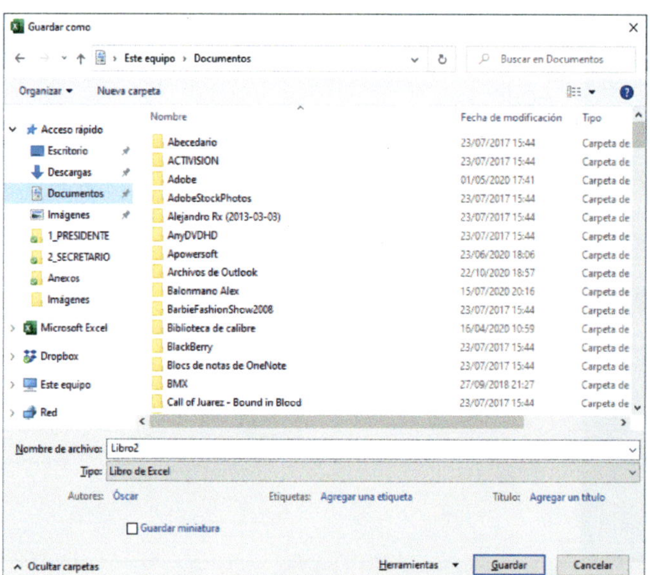

El acceso a esta opción desde la ficha *Archivo* nos permite seleccionar más opciones, tal y como se puede observar en la siguiente imagen.

5.5. Cerrado de un libro

Si se desea abandonar el documento actual sin salir de Excel, puede cerrarse. Para ello, basta con seleccionar la opción *Cerrar* en la ficha *Archivo*.

Si el documento en cuestión fue modificado, el programa nos preguntará si deseamos guardar los cambios realizados en el mismo.

6. Operaciones con rangos

Introducción

Aunque el trabajo en Excel se hace sobre una celda, en ocasiones es necesario aplicar formatos a más de una celda. Cuando se seleccionan varias celdas, estamos trabajando con un rango.

Además, la aplicación nos ofrece soluciones para trabajar rápidamente con un rango. Estas opciones, entre otras, veremos en este apartado.

Contenido

6.1. Relleno rápido de un rango

6.2. Selección de varios rangos (rango múltiple, rango tridimensional)

6.3. Nombres de rangos

6.1. Relleno rápido de un rango

Existe un modo más versátil de agilizar la introducción de datos, y es utilizando la función de *Autorrellenar*. Para los datos de texto, esta función permite introducir una secuencia de datos en un rango de celdas contiguas. Fijémonos que, cuando una celda está activa, el recuadro negro que la bordea no es continuo, sino que en su esquina inferior derecha hay un pequeño cuadradito; cuando situamos el puntero del ratón encima de él, el puntero se transforma en un signo "+".

Probemos esta función con el siguiente ejemplo: Escribimos Enero en la celda A1 y a continuación "extendemos" dicha celda llevando el puntero del ratón hasta la esquina inferior derecha de la celda y, cuando el puntero adquiere la apariencia del signo "+", moviendo el ratón hacia abajo con el botón izquierdo pulsado. Veremos cómo, si bajamos hasta la celda A12 y soltamos el botón, en las celdas A1 a A12 han aparecido los textos Enero, Febrero, etc., tal y como se ve en la siguiente imagen.

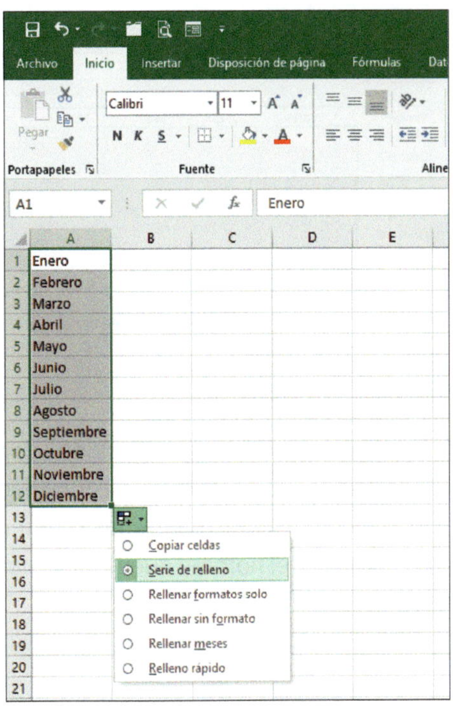

En la imagen podemos comprobar que aparece un icono que, al pulsarlo, despliega un menú con opciones de autorrelleno. En el menú desplegable, tenemos la opción, no obstante, de *Copiar las celdas* en lugar de *Rellenar la serie*; ello haría que el texto Enero se repitiese exactamente en las doce celdas posteriores.

La misma funcionalidad aparece no solo cuando el texto contiene un número como en el ejemplo anterior, sino también cuando escribimos días de la semana (basta escribir Lunes en la primera celda del rango y extender) o números.

6.2. Selección de varios rangos

Anteriormente ya hemos visto que podemos seleccionar más de una celda, formándose en ese caso un rango. Este rango puede ser de celdas contiguas (utilizando la tecla *Mayús*) o de celdas discontinuas (utilizando la tecla *Ctrl*).

Esta selección se llama rango múltiple.

Excel también permite seleccionar celdas de más de una hoja. A esta selección se la llama rango tridimensional. Para realizarla, basta con ir pinchando en el nombre de cada hoja y seleccionar las celdas deseadas.

6.3. Nombres de rangos

A los rangos de celdas se les puede proporcionar también —introduciéndolo en el *cuadro de nombres*— un nombre que permita identificarlos. Así, en la imagen inferior se ha denominado "Ventas" al rango seleccionado. Ello permitirá, como veremos más adelante, facilitar las operaciones matemáticas que efectuemos con las celdas del rango.

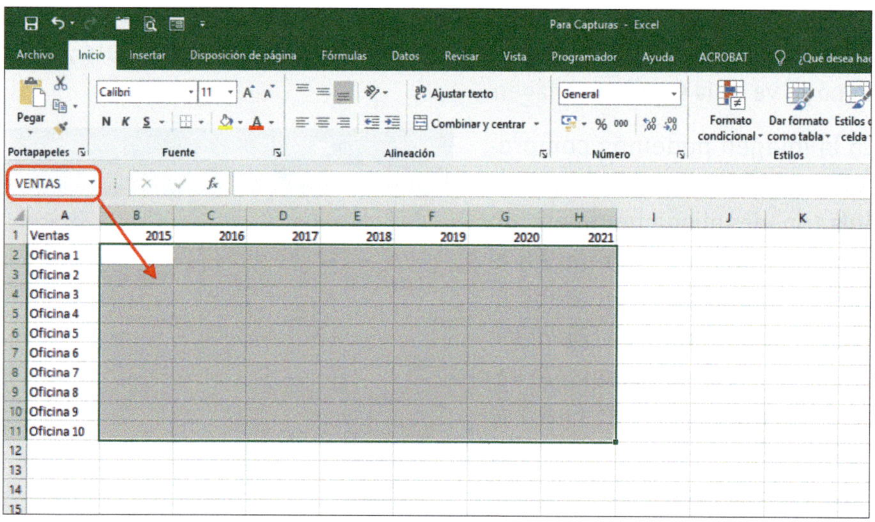

Al igual que con los rangos de celdas, también a las celdas individuales se les puede asignar un nombre propio introduciéndolo en el cuadro de nombres. A la celda en cuestión nos podremos referir entonces tanto por su referencia (B4, etc.) como por el nombre que le hayamos asignado.

7. Modificación de la apariencia de una hoja de cálculo

Introducción

Antes de comenzar con este apartado, es necesario indicar que en el concepto de *formato* se incluye tanto la modificación de las características *visuales* de las celdas (el tipo de letra, el estilo de la fuente, el color de fuente y fondo, las alineaciones horizontal y vertical, etc.) como el formato de los datos que contendrán dichas celdas.

Contenido

7.1. Formato de celda

7.1.1. Fuente

A los datos que introducimos en la hoja de cálculo pueden aplicárseles formatos de carácter similares a los que estudiamos en las aplicaciones de procesamiento de textos. Cuando escogemos un formato de carácter determinado, este se aplica a la celda activa. Si se quiere aplicar a varias celdas, deben seleccionarse previamente.

En Excel disponemos del grupo *Fuente* situados en la ficha *Inicio.* Por defecto, la aplicación usa la tipografía *Calibri*, y el cuerpo o tamaño por defecto es de 11 puntos. Se pueden introducir tamaños entre 1 y 409 puntos en incrementos de 0,5. Para modificar el cuerpo de la letra, Excel dispone también de dos botones para aumentarlo y disminuirlo.

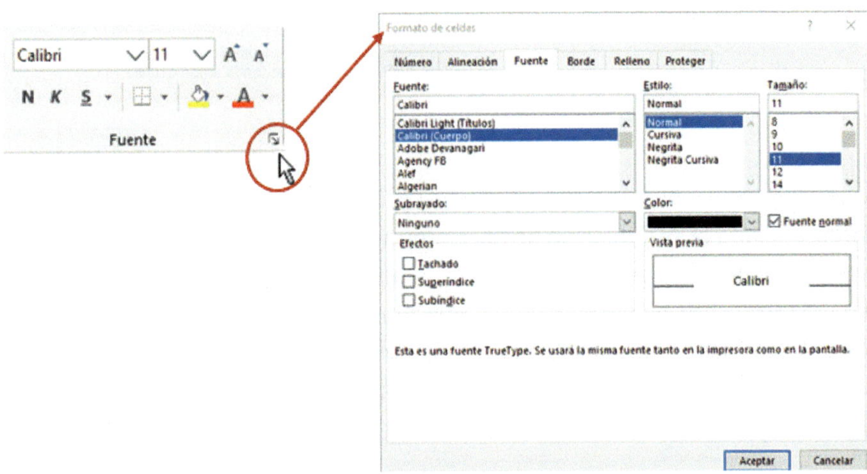

Para establecer el estilo negrita, cursiva y subrayado, disponemos de los atajos de teclado *Ctrl + N, Ctrl + K* y *Ctrl +S,* respectivamente.

Además de todo ello, disponemos del cuadro de diálogo *Formato de celdas*, que activamos pulsando en la flecha situada en la esquina inferior derecha del grupo *Fuente.*

7.1.2. Alineación

En una hoja de cálculo podemos controlar la alineación horizontal y vertical de los datos en las celdas. Existen datos cuya naturaleza hace preferible alinearlos a la derecha: ocurre así con los números, para que las unidades, decenas, centenas, etc., queden alineadas entre sí; otros datos, por el contrario, quedan mejor presentados cuando se alinean a la izquierda: así ocurre con los textos.

El grupo de botones *Alineación,* en la ficha *Inicio,* nos permitirá controlar la alineación horizontal y vertical del texto en la celda. Con los botones inferiores podemos hacer que los datos de la celda queden alineados a la izquierda, a la derecha o centrados. Con los superiores, controlaremos si los datos se sitúan en la parte superior de la celda, en la inferior o en el centro. Además, se puede controlar el ángulo que habrá de formar dicho dato con la celda que lo alberga.

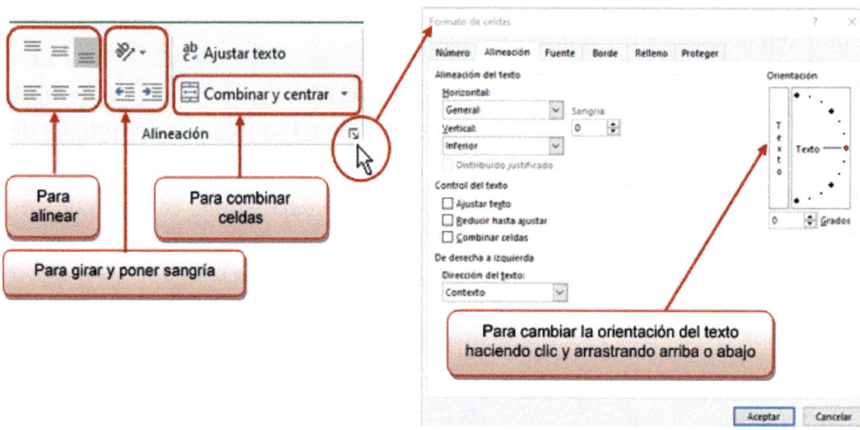

En muchas ocasiones, la organización de las celdas, útil para la introducción de datos, dificulta la introducción de otra información, como por ejemplo un título, unos datos de facturación o una dirección postal en un presupuesto. Para ello resulta de mucha utilidad la denominada *combinación de celdas*. Cuando seleccionamos un grupo de celdas y las combinamos, creamos una de tamaño igual al grupo seleccionado. Para llevar a cabo esta acción emplearemos el botón *Combinar y centrar*, en la ficha *Inicio.*

7.1.3. Bordes

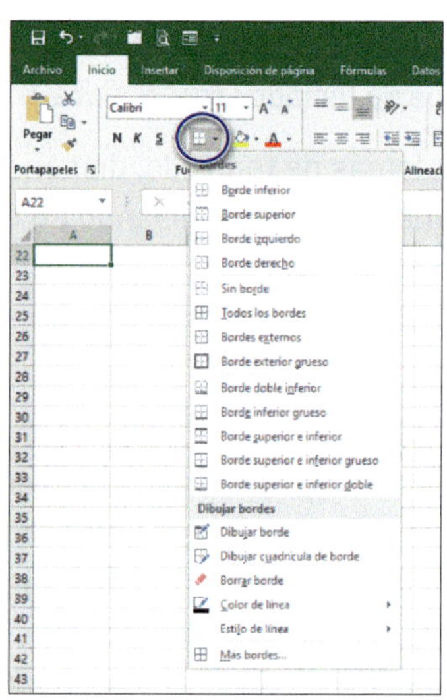

En ocasiones, puede que queramos que algunas celdas —o todas ellas— estén rodeadas por un borde de cierto grosor y color. Podemos aplicar los bordes a una sola celda o a un grupo de celdas previamente seleccionadas; a las celdas seleccionadas se les puede aplicar, por ejemplo, un borde exterior para que adquieran la apariencia de un único bloque visual.

En el grupo *Fuente* disponemos de un completo menú con el que se pueden escoger los bordes que se queremos aplicar (interiores, exteriores, en un lado, otro, etcétera), el grosor y el color de borde, el estilo de la línea del borde (punteado, a rayas discontinuas, etc.).

7.1.4. Número

La aplicación de hojas de cálculo nos permite escoger cómo se mostrarán los datos introducidos en una celda y, al mismo tiempo, especificar qué tipos de datos irán en ellas. Por ejemplo, un dato numérico se puede expresar de diversas formas: podemos, por ejemplo, especificar un cierto número de cifras decimales, de modo que si se introduce un número con más cifras decimales, la aplicación lo redondeará hasta el número de cifras seleccionado.

El formato de los datos se especifica mediante el control *Formato de número*, en el grupo *Número* de la ficha *Inicio*. Al hacer clic sobre él se despliega un menú con diversos formatos de número. Al pulsar en la opción *Más formatos de número*, se abrirá el cuadro de diálogo *Formato de celdas*, en cuya pestaña *Número* podremos especificar todas y cada una de las características del formato de los datos.

También se puede acceder a dicho cuadro pulsando el botón derecho sobre una celda —o sobre un conjunto de celdas previamente seleccionadas— y escogiendo la opción del menú contextual *Formato de celdas*.

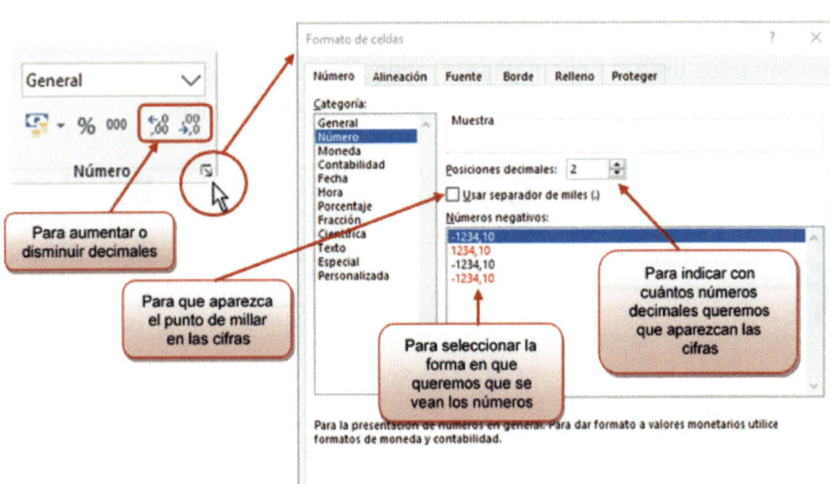

7.1.5. Protección

La última pestaña disponible en el cuadro de diálogo *Formato de celdas* es *Proteger,* a través de la cual se pueden llevar a cabo dos acciones:

- **Bloquear** la celda (o celdas) para evitar que se puedan realizar modificaciones sobre la misma.
- **Ocultar** la celda (o celdas) para que no se vea el contenido especificado en ella.

Hay que tener en cuenta que para poder aplicar estas protecciones, es necesario que la hoja de cálculo esté protegida (a través del botón *Proteger hoja* de la ficha *Revisar,* grupo *Cambios*).

7.2. Anchura y altura de las columnas y filas

Cuando el contenido de una celda desborda el ancho disponible, este se superpone a las celdas situadas a su derecha, ocupando su espacio visual. No obstante, aunque esto ocurra, el dato sigue perteneciendo *solo* a la celda en la que se introdujo.

En todo momento es posible modificar la anchura de las columnas y la altura de las filas: cuando situamos el puntero del ratón sobre los encabezados de las columnas en los que aparecen sus referencias: A, B, C, etc., al situarlo en la línea de separación entre dos columnas, el puntero adquiere la forma de una línea vertical con una doble flecha. Si en ese momento movemos el ratón hacia la derecha y hacia la izquierda manteniendo pulsado el botón izquierdo, la columna se hará más ancha o más estrecha. Para modificar la altura de las filas el procedimiento es enteramente análogo.

Para modificar la anchura de todas las columnas o la altura de todas las filas, seleccionamos toda la hoja mediante cualquiera de los métodos vistos anteriormente y modificamos la anchura o la altura de una de ellas.

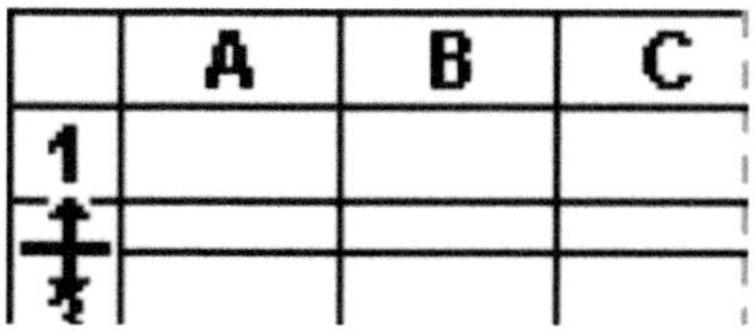

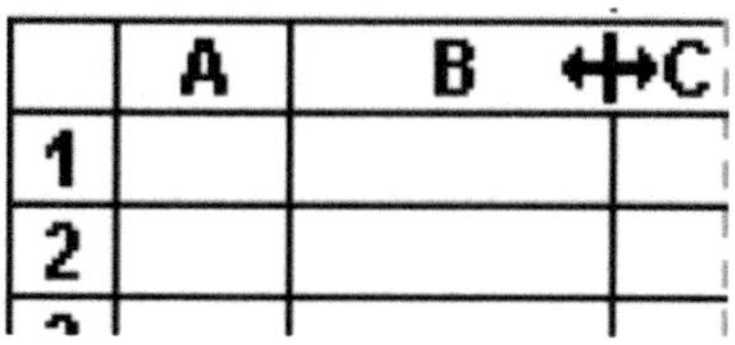

7.3. Ocultando y mostrando columnas, filas u hojas de cálculo

Existe la posibilidad de ocultar columnas, filas u hojas de cálculo para que no se visualicen, pero sin perder su contenido con datos no imprescindibles a la hora de trabajar con la hoja de cálculo o simplemente porque contengan fórmulas intermedias.

Para llevar a cabo estas acciones se utiliza la opción *Formato* de la ficha *Inicio*, grupo *Celdas*.

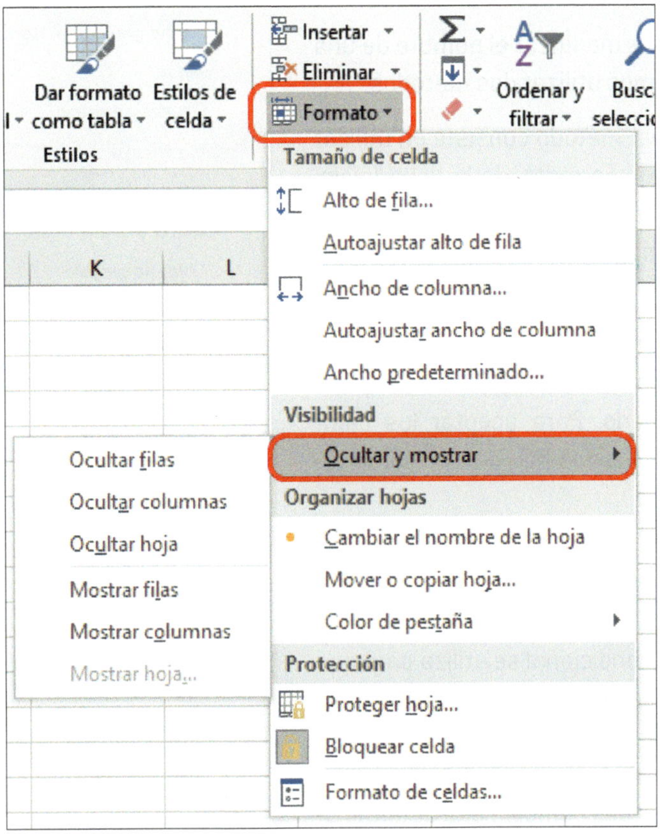

7.4. Cambio de nombre de una hoja de cálculo

Como ya sabes, en Excel creamos libros de trabajo formados por varias hojas. Por defecto cada hoja se referencia como Hoja1, Hoja2, Hoja3, etc.

Si trabajamos con varias hojas dentro del libro es aconsejable utilizar un nombre de hoja para identificarla de forma más rápida, así si utilizamos una hoja para manejar los ingresos y gastos de cada mes, la primera hoja se podría nombrar Enero, la segunda Febrero y así sucesivamente.

Los aspectos a tener en cuenta relacionados con el nombre de las hojas de cálculo son:

- La longitud máxima de los nombre de las hojas es de 31 caracteres.
- No puede haber dos hojas de cálculo dentro del mismo libro de trabajo con el mismo nombre.

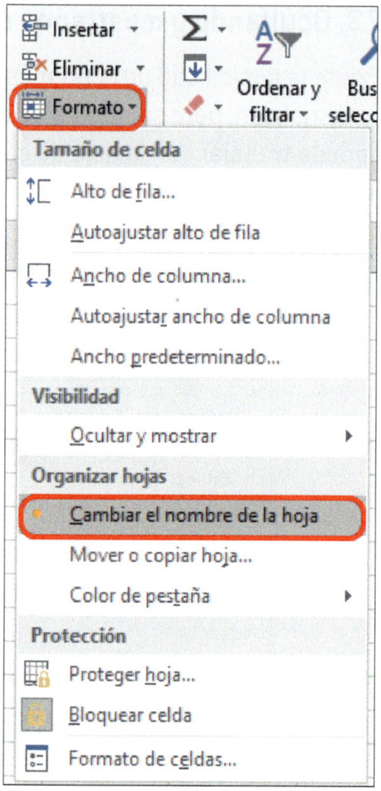

Si deseamos modificar el nombre de una hoja, podemos utilizar dos métodos:

- El primer método consiste en utilizar la opción *Formato*, de la ficha *Inicio*, grupo *Celdas*, tal y como se muestra en la imagen.
- El segundo método es mucho más directo y rápido: hacer doble clic sobre el nombre de la hoja, para después modificarlo. Para aceptar los cambios realizados hay que pulsar la tecla *Intro*.

7.5. Formatos condicionales

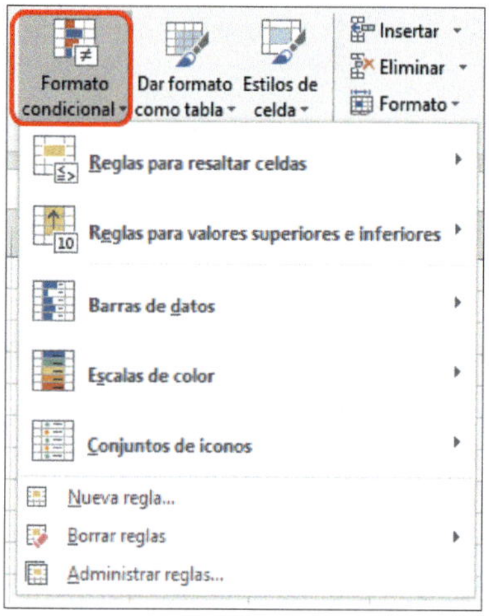

El formato condicional se utiliza para que Excel aplique un formato especial a la celda dependiendo del valor que tome la misma. Suele utilizarse para resaltar errores, para valores que cumplan una determinada condición, para resaltar las celdas según el valor contenido en ella, etc.

Para aplicar un formato condicional se deben realizar los siguientes pasos:

- Seleccionamos la celda a la que vamos a aplicar un formato condicional.
- Accedemos a la opción *Formato condicional* de la ficha *Inicio*, grupo *Estilos*.

En el menú que aparece disponemos de varias opciones, como resaltar algunas celdas dependiendo de su relación con otras, o resaltar aquellas celdas que tengan un valor mayor o menor que otro. Se pueden utilizar las opciones *Barras de datos*, *Escalas de color* y *Conjuntos de iconos* para aplicar diversos efectos a determinadas celdas.

Si ninguna de estas opciones nos son válidas, disponemos de la opción *Nueva regla* que permite crear una regla personalizada para aplicar un formato concreto a aquellas celdas que cumplan determinadas condiciones. Al acceder a esta opción, nos aparece el cuadro de diálogo que se muestra en la siguiente imagen.

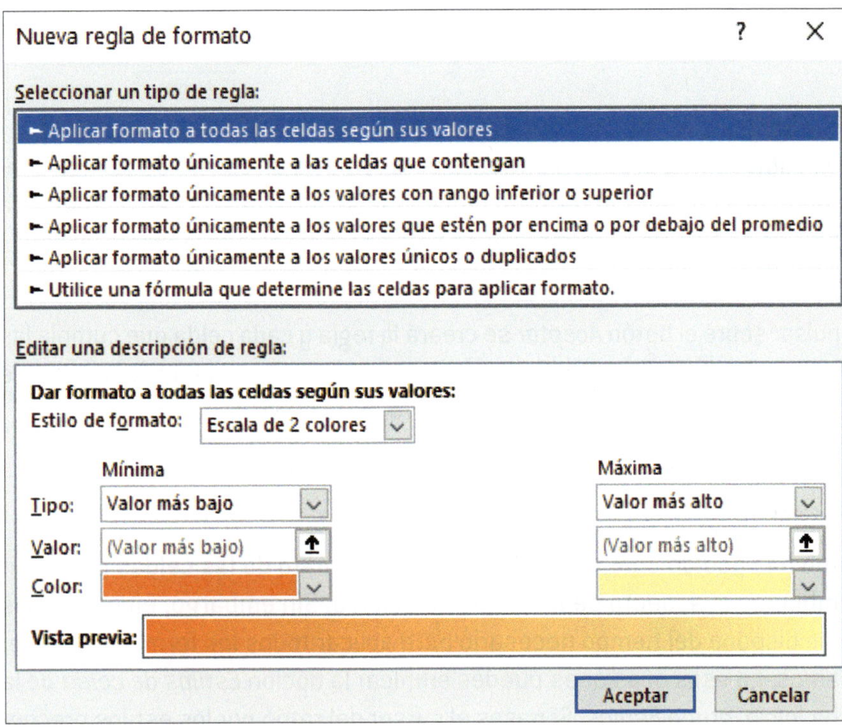

En este cuadro seleccionaremos un tipo de regla. En el marco *Editar una descripción de regla* deberemos indicar las condiciones que debe cumplir la celda y de qué forma se marcará. Por ejemplo, si nos basamos en el *Valor de la celda* podemos escoger entre varias opciones como pueden ser un valor entre un rango mínimo y máximo, un valor mayor que, un valor menor que y condiciones de ese estilo.

Los valores de las condiciones pueden ser valores fijos o celdas que contengan el valor a comparar.

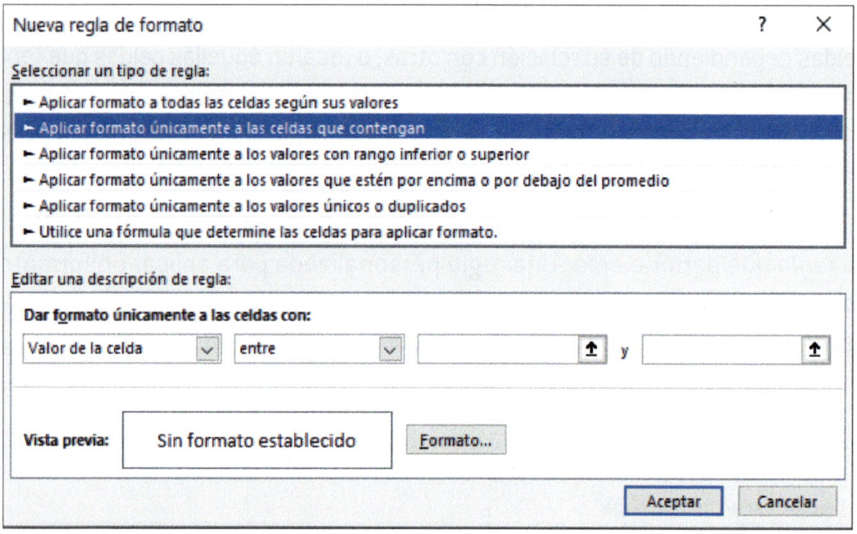

Si pulsamos sobre el botón *Formato...* accedemos a un cuadro de diálogo donde podemos escoger el formato con el que se mostrará la celda cuando la condición se cumpla. El formato puede modificar el color de la fuente, el estilo, el borde de la celda, el color de fondo de la celda, etc.

Al pulsar sobre el botón *Aceptar* se creará la regla y cada celda que cumpla las condiciones se marcará. Si el valor incluido en la celda no cumple ninguna de las condiciones, no se le aplicará ningún formato especial.

7.6. Autoformatos o estilos predefinidos

Como has podido comprobar, a través del formato de las celdas puedes ir cambiando el aspecto de las hojas de cálculo. Sin embargo, en ocasiones no se dispone del tiempo necesario para aplicar todos los formatos que deseamos. En esas ocasiones puedes emplear la opción *Estilos de celda* de la ficha *Inicio,* grupo *Estilos.* Si pasas el cursor del ratón por los estilos preconfigurados de su desplegable, verás una previsualización en la celda de cómo quedará, si haces clic en uno, se aplicará.

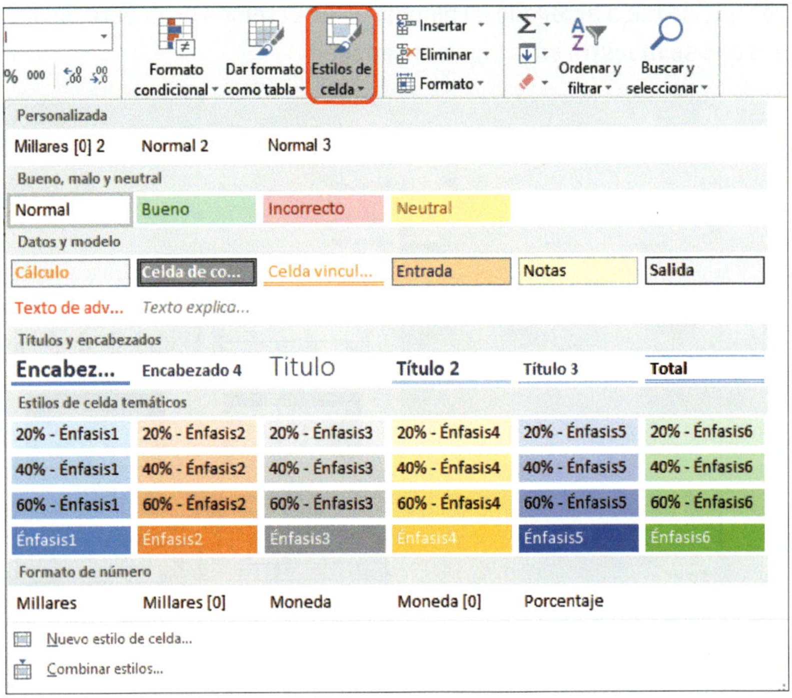

Otra función disponible para modificar el formato de las celdas es el *Autoformato*, pero para poder acceder al mismo debes añadir su comando a la barra de acceso rápido (ficha *Archivo, Opciones, Barra de herramientas de acceso rápido*) busca este comando y agrégalo, tal y como puedes ver en la siguiente imagen:

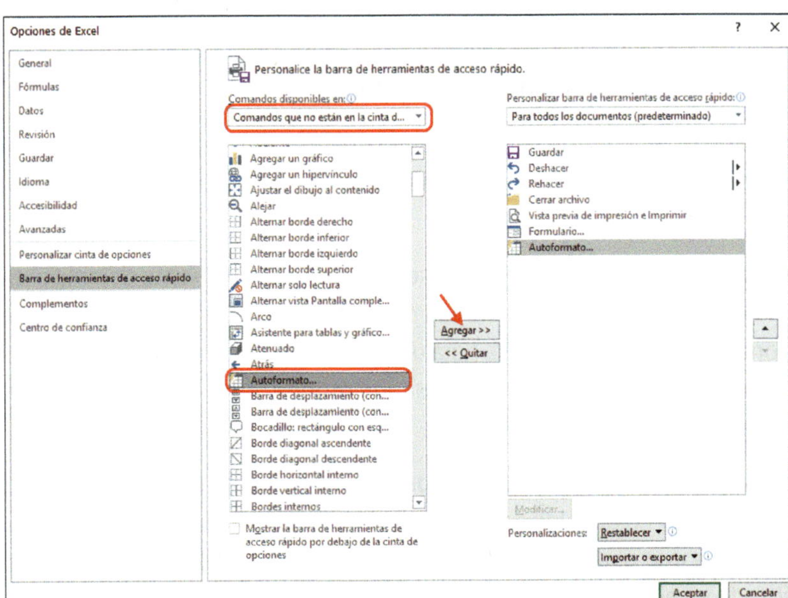

Una vez que se haya agregado, al pinchar en él, veremos un cuadro de diálogo como el que se muestra en la siguiente imagen.

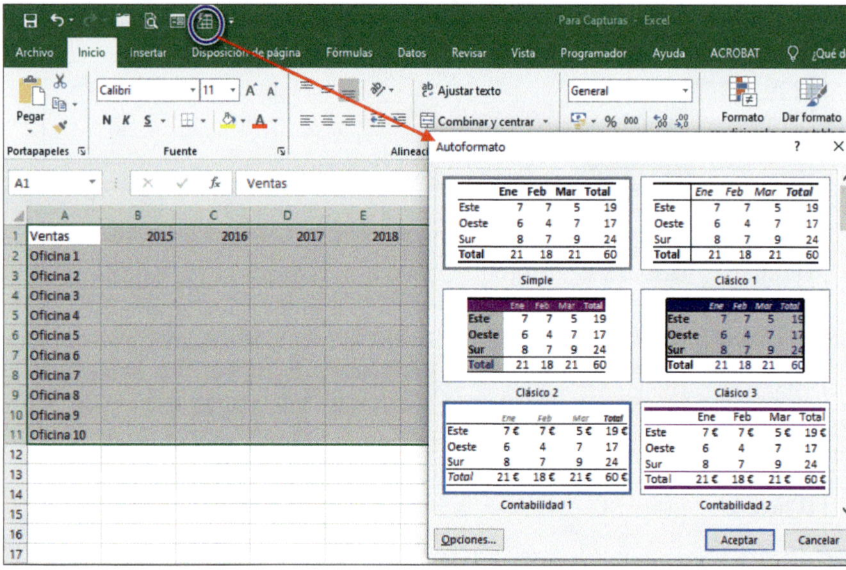

7.7. Formato de la hoja de cálculo

Excel tiene una serie de funciones que facilitan la administración y el análisis de datos. Para aprovechar al máximo estas funciones, es importante organizar y dar formato a los datos en una hoja de cálculo de acuerdo con las instrucciones que a continuación se detallan.

7.7.1. Instrucciones para organizar datos

- **Colocar los elementos similares en la misma columna.** Es decir, es conveniente acomodar los datos para que todas las columnas tengan elementos parecidos en la misma columna.
- **Mantener un rango de datos por separado.** Es conveniente dejar al menos una columna en blanco y una fila en blanco entre un rango de datos relacionados y otros datos de la hoja de cálculo. Excel puede detectar y seleccionar más fácilmente el rango cuando ordena, filtra o inserta subtotales automáticos.
- **Colocar los datos importantes por encima o debajo del rango.** Es conveniente evitar colocar los datos importantes a la izquierda o a la derecha del rango, ya que podría ocultar los datos cuando se realizan operaciones de filtrado en el rango.

- **Evitar columnas y filas en blanco en un rango.** Es conveniente evitar colocar columnas o filas en blanco en un rango de datos.
- **Mostrar todas las filas y columnas de un rango.** Hay que asegurarse de que las filas o columnas ocultas se muestran antes de realizar cambios en un rango de datos. Cuando no se muestren las filas y columnas de un rango, los datos podrían eliminarse por equivocación.

7.7.2. Instrucciones para dar formato a los datos

- **Usar rótulos de columna para identificar los datos.** Es conveniente crear rótulos de columna en la primera fila del rango de datos aplicando un formato distinto a los datos. Excel, a continuación, puede utilizar estas etiquetas para crear informes y para buscar y organizar los datos. Se puede utilizar una fuente, alineación, formato, modelo, borde o el estilo de mayúsculas y minúsculas para los rótulos de columna, siendo diferente del formato que se asigna a los datos en el rango.
- **Bordes de celda de uso para distinguir los datos.** Cuando se desean separar los rótulos de datos, se pueden utilizar bordes de celda (no filas en blanco ni guiones) para insertar líneas debajo de los rótulos.
- **Evitar espacios iniciales o finales para evitar errores.** Hay que evitar insertar espacios al principio o al final de una celda para aplicar una sangría de datos. Estos espacios adicionales pueden afectar a ordenar, buscar y el formato que se aplica a una celda. En lugar de escribir espacios para aplicar sangría a los datos, se puede utilizar el comando *Aumentar sangría* dentro de la celda.
- **Extender formatos de datos y fórmulas.** Al agregar nuevas filas de datos al final de un rango de datos, Excel extiende fórmulas y formatos coherentes. Tres de las cinco celdas anteriores deben utilizar el mismo formato para que el formato se extienda.
- **Usar un formato de tabla de Excel para trabajar con datos relacionados.** Se puede convertir un rango de celdas contiguas de su hoja de cálculo en una tabla de Excel. De esta forma, se puede manipular los datos definidos por la tabla independientemente de los datos fuera de ella y se pueden usar funciones específicas de la tabla para ordenar, filtrar, sumar o calcular rápidamente los datos de la tabla.

8. Fórmulas

Introducción

En una hoja de cálculo, una fórmula está compuesta por una o varias operaciones matemáticas y una serie de operandos. En cualquier celda de la hoja de cálculo es posible, en lugar de introducir directamente un dato numérico, introducir una operación para que la aplicación la calcule o evalúe. ¿Cómo le indicamos que lo que viene a continuación es una fórmula? Anteponiéndole el signo igual (=). Así, por ejemplo, si en una celda escribimos "=23+45", aparecerá el resultado de dicha operación, es decir, "68". Así, podemos emplear la hoja de cálculo exactamente igual que una calculadora.

Sin embargo, en muchas ocasiones nos interesará que los operandos de la fórmula no sean fijos, sino que la fórmula los tome de una celda o celdas determinadas. Así, por ejemplo, podemos introducir los sumandos de la relación anterior en dos celdas diferentes (por ejemplo, escribir el "23" en la A1 y el "45" en la A2) y en otra celda (digamos, en la A3), introducir una fórmula análoga: "=A1+A2". Si hacemos esto, el valor de la celda A3 siempre será igual a la suma de los valores almacenados en la A1 y la A2; si modificamos uno de estos, veremos cómo la suma de la celda A3 varía en consecuencia. En la relación que hemos introducido en la A3, en lugar de explicitar unos sumandos específicos, le decimos a la aplicación la referencia de la celda en donde debe buscarlos. Con ello, pasamos de la aritmética al álgebra.

Contenido

8.1. Operadores y prioridad

8.2. Escritura de fórmulas

8.3. Copia de fórmulas

8.4. Referencias relativas, absolutas y mixtas

8.5. Referencias externas y vínculos

8.6. Resolución de errores en las fórmulas

- Tipos de errores
- Herramientas de ayuda en la resolución de errores

8.1. Operadores y prioridad

8.1.1. Operadores

Los operadores son símbolos que representan operaciones matemáticas. La lista de los operadores que admite Excel se resume en la siguiente tabla:

Operador	Función	Ejemplo
+	Suma	2+3, A1+A2
-	Resta	3-2, A1-A2
*	Multiplicación	3*2, A1*A2
/	División	3/2, A1/A2
^	Potencia: permite calcular una potencia, por ejemplo 2^3=2*2*2	2^3, A1^A2
&	Concatenación de textos: permite unir o concatenar dos cadenas de texto	"Factura" & "36", A1&A2
=	Sirve para indicar que lo que viene a continuación es una fórmula matemática. También permite efectuar la comparación lógica *igual a*	
<	Comparación lógica *menor que*	A1<A2
>	Comparación lógica *mayor que*	A1>A2
<=	Comparación lógica *menor o igual*	A1<=A2
>=	Comparación lógica *mayor o igual*	A1>=A2
<>	Comparación lógica *distinto de*	A1<>A2
:	Operador *rango*: indica el conjunto o rango de celdas limitado por dos celdas determinadas	A1:A5 (se refiere a las celdas A1, A2, A3, A4 y A5)
;	Operador *unión*: indica la unión entre varios rangos, que de esta manera se pueden combinar en una sola referencia	A1:A3;C1:C4 (se refiere a las celdas A1, A2, A3, C1, C2, C3 y C4)
(espacio)	Operador *intersección:* al emplear el operador intersección entre dos rangos, indica la celda o celdas de intersección; si no hay ninguna, devuelve un mensaje de error	

Los operadores relativos a las comparaciones lógicas son de utilidad en las instrucciones o fórmulas condicionales, que permiten efectuar cierta operación si se cumple una determinada condición lógica (por ejemplo, si un dato es mayor o menor que un valor de referencia) y otra operación en caso contrario. Más adelante las veremos con detalle.

8.1.2. Prioridad

Aunque ya lo hemos indicado anteriormente, es muy importante tener en cuenta la prioridad que da Excel a las operaciones.

Cuando se efectúan cálculos matemáticos, es frecuente combinar varias operaciones en una misma fórmula. Cuando esto ocurre, se siguen una serie de reglas de evaluación de las expresiones, de uso cotidiano en la matemática, y que las aplicaciones de hoja de cálculo obedecen fielmente:

- La más conocida de las reglas es el uso de paréntesis. Cuando existen paréntesis en una expresión matemática, se calcula siempre antes el contenido que va entre paréntesis y a continuación, con el resultado de ese cálculo, se efectúa el resto de operaciones. Así, por ejemplo, si tenemos 2*(3+5), se calcularía en primer lugar la suma entre paréntesis (8) y a continuación se realiza el producto 2*8=16. Es posible incluir o anidar unos paréntesis dentro de otros, en cuyo caso esta misma regla se aplica de forma recursiva: 2*(3+(2+3))=2*(3+5)=2*8=16.
- Las operaciones lógicas se anidan mediante el uso de los operadores "Y" y "O". Cuando dos comparaciones lógicas (*a* y *b*) se relacionan mediante el operador "Y", para que la expresión lógica "*a* Y *b*" sea verdadera, ambos términos deben ser verdaderos. Por el contrario, cuando dos comparaciones lógicas (*a* y *b*) se relacionan mediante el operador "O", la expresión lógica "*a* O *b*" será verdadera cuando al menos uno de los dos términos lo sean. Es decir, "*a* O *b*" será verdadero cuando lo son *a*, *b* o ambos.
- Cuando en una expresión no existen paréntesis, se sigue un orden de prioridad en las operaciones matemáticas. Se calcularán antes las más prioritarias y a continuación las menos. El orden de prioridad de las operaciones en Excel, de mayor a menor prioridad, es el siguiente:

Orden de prioridad	Operador	Descripción
1º	-	Negación
2º	^	Potencia
3º	* y /	Multiplicación y división
4º	+ y -	Suma y resta
5º	&	Concatenación de textos
6º	=, <, >, <=, >=, <>	Comparaciones lógicas

- Por último, en ausencia de paréntesis y cuando el orden de prioridad de varias operaciones es el mismo, estas se evalúan siempre de izquierda a derecha; esta es la forma habitual de operar: al efectuar la operación 2+3+4+5, sumamos primero 2+3 (5), a continuación sumamos 5+4 (9) y finalmente operamos 9+5=14. En otras palabras, la operación 2+3+4+5=((2+3)+4)+5.

8.2. Escritura de fórmulas

Las fórmulas son expresiones matemáticas que se utilizan para realizar cálculos, **siempre deben empezar con el signo igual** (=), y están formadas por datos y operadores:

- Los **datos** pueden ser números, referencias a otras celdas, rangos de celdas (conjuntos de celdas) o funciones.
- Los **operadores** son los símbolos que representan el tipo de cálculo: sumar, restar, multiplicar, dividir, % porcentaje, elevar a (exponencial), etc.
- También se pueden utilizar operadores de comparación (= Igual que, > Mayor que, > = Mayor o igual que, < > Distinto que, etc.).

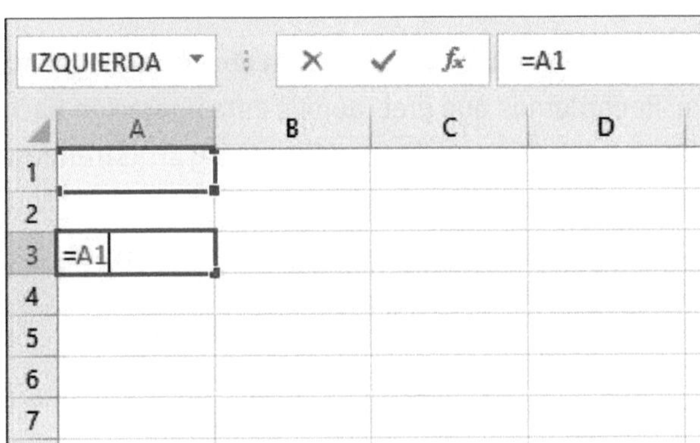

8.3. Copia de fórmulas

Imaginemos que tenemos una hoja de cálculo con los ingresos y gastos de todos los días del año. Imaginemos que los ingresos están situados en las celdas B2, B3, etc., y los gastos en las C2, C3, etc. Si queremos efectuar el balance económico de cada día (lo situaremos, por ejemplo, en la columna D), restaremos los ingresos menos los gastos en ellos. Pero, ¿tendremos que introducir en cada una de las celdas D2, D3, las operaciones B2-C2, B3-C3, etc.? Evidentemente, se trataría de un trabajo tedioso y repetitivo. Las hojas de cálculo permiten evitar este trabajo y reproducir una determinada fórmula actualizando las referencias de sus celdas.

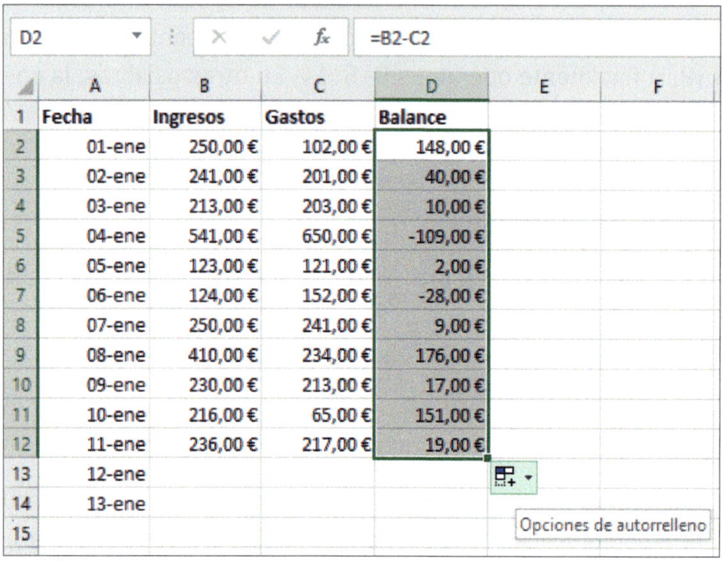

	A	B	C	D	E	F
1	Fecha	Ingresos	Gastos	Balance		
2	01-ene	250,00 €	102,00 €	148,00 €		
3	02-ene	241,00 €	201,00 €	40,00 €		
4	03-ene	213,00 €	203,00 €	10,00 €		
5	04-ene	541,00 €	650,00 €	-109,00 €		
6	05-ene	123,00 €	121,00 €	2,00 €		
7	06-ene	124,00 €	152,00 €	-28,00 €		
8	07-ene	250,00 €	241,00 €	9,00 €		
9	08-ene	410,00 €	234,00 €	176,00 €		
10	09-ene	230,00 €	213,00 €	17,00 €		
11	10-ene	216,00 €	65,00 €	151,00 €		
12	11-ene	236,00 €	217,00 €	19,00 €		
13	12-ene					
14	13-ene					
15						

Existen dos modos de efectuar esta operación:

- Copiar la fórmula de la celda D2 y pegarla en las celdas D3, D4, etc.
- Extender o autocompletar la celda D2 hacia abajo, para cubrir las celdas D3 en adelante. Recordemos que efectuamos esta operación haciendo clic sobre la esquina inferior derecha de la celda activa y arrastrando el ratón hacia el lugar correspondiente manteniendo pulsado el botón izquierdo.

En cualquiera de los dos casos, veremos que las celdas D3 en adelante se rellenan con las fórmulas B3-C3, B4-C4, etc.

8.4. Referencias relativas, absolutas y mixtas

En el ejemplo anterior hemos visto cómo la hoja de cálculo ha actualizado las referencias de las celdas de la fórmula inicial. Al copiarla y pegarla o extenderla hacia abajo ha sustituido las referencias B2 y C2 por las que le corresponderían en cada una de las filas de las nuevas fórmulas. Esta operación es posible porque "B2" y "C2" son referencias relativas.

En algunas ocasiones, sin embargo, esta actualización de las referencias no es deseable. Si la aplicación debe efectuar un cálculo con un dato situado en una determinada celda, no interesa que la referencia a dicha celda cambie cuando copiamos la fórmula en otro lugar. Para indicar que la referencia de una celda debe mantenerse inalterada emplearemos las referencias absolutas.

Excel emplea tres tipos de referencias para las celdas de la hoja de cálculo:

- En las **referencias relativas,** las referencias que contiene la fórmula se modifican al copiarla o extenderla en otra celda, ajustándose a la nueva posición. Este es el tipo de referencia por defecto. Se escribe como A1, A5, etc.
- En las **referencias absolutas,** cuando se copia la fórmula en otra celda las referencias que contiene la fórmula no varían. Este tipo de referencias se escriben como A1, etc.
- Las **referencias mixtas** son una combinación de ambos tipos de referencias. Si escribimos la referencia como $A1, la parte de la columna es fija y la parte de la fila, variable; de este modo, la parte de la fila se ajustará automáticamente a la ubicación de la fórmula y la parte de la columna, por el contrario, permanecerá fija. Si, por el contrario, escribimos la referencia como A$1, ocurrirá a la inversa.

Un método rápido para pasar de una referencia a otra es, una vez escrita la celda y pulsando con la tecla F4 de manera sucesiva, verás cómo va cambiando la referencia a la celda.

8.5. Referencias externas y vínculos

8.5.1. Referencias externas

Otra funcionalidad muy interesante de las referencias es la posibilidad de escribir referencias a celdas que se encuentran en otras hojas o incluso en otros libros.

- **Referencia a otras hojas**. Para hacer referencia a celdas de otras hojas debemos indicar el nombre de la hoja seguido del signo de exclamación y el nombre de la celda.

  Por ejemplo: Hoja3!A1 esta referencia está diciendo que coja la celda A1 de la hoja Hoja3.

  Si la hoja tuviera un nombre personalizado con espacios incluidos, la referencia sería de este modo 'Nombre de la hoja externa'!A1, debiendo encerrar el nombre de la hoja entre comillas simples ' '.

- **Referencia a otros libros**. Para hacer referencia a celdas de otros libros debemos indicar el nombre del libro entre corchetes y el resto como acabamos de ver.

  Por ejemplo: '[Gastos 2021]Hoja3'!B5 esta referencia indica que la celda se encuentra en el libro "Gastos 2021", en la Hoja3 y en la celda B5.

8.5.2. Vínculos

El concepto de vincular en Excel es el hecho de utilizar fórmulas de varias hojas para combinas datos. Al enlazar o vincular hojas de trabajo estamos creando una dependencia de una con respecto a la otra, apareciendo así dos conceptos:

- **El libro de trabajo dependiente**: es el que contiene las fórmulas.
- **El libro de trabajo fuente**: es el que contiene los datos.

La cuestión que debemos plantearnos antes de enlazar hojas de trabajo, es si realmente nos hace falta complicarnos tanto o sencillamente podemos hacerlo todo en una misma hoja.

No existe una respuesta genérica, dependerá de la envergadura de los datos y de las fórmulas; si las hojas las van a utilizar varias personas, etc.

Para crear un libro de trabajo dependiente debemos crear fórmulas de referencias externas, es decir, fórmulas que hacen referencia a datos que se encuentran en una hoja externa a la que está la fórmula, tal y como hemos explicado anteriormente.

Las referencias al libro externo las gestiona automáticamente Excel, incluso si cambiamos el nombre del archivo donde están los datos, las referencias también se cambiarían.

Si en el libro de trabajo dependiente queremos ver todos los vínculos a las páginas fuente podemos hacerlo accediendo a la opción *Editar vínculos* de la ficha *Datos,* grupo *Conexiones.*

Nos aparece el cuadro de diálogo *Modificar vínculos* donde podemos hacer modificaciones sobre los vínculos, con las siguientes opciones:

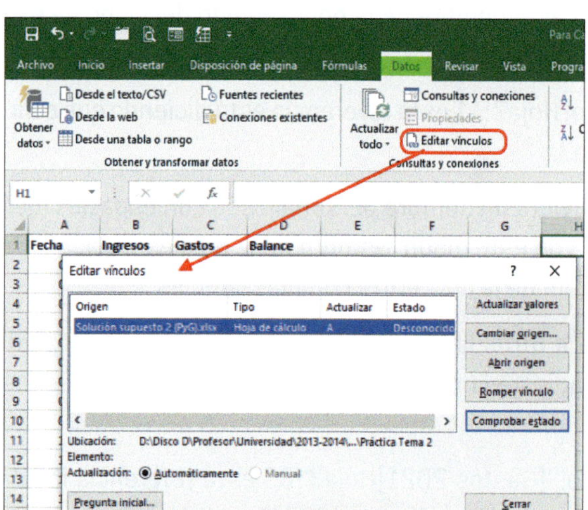

- **Actualizar valores**: actualiza la lista con los vínculos.
- **Cambiar origen**: podemos modificar el origen del vínculo seleccionado.
- **Abrir origen**: abre el libro del vínculo seleccionado.
- **Romper vínculo**: quita los vínculos de las fórmulas externas.
- **Comprobar estado**: comprueba el estado del origen.
- **Pregunta inicial**: podemos incluir una advertencia al abrir el libro dependiente, indicando que tenemos enlaces externos.

8.6. Resolución de errores en las fórmulas

En ocasiones, cuando se introduce una fórmula en una celda, en esta aparecerá un mensaje de error indicándonos que la fórmula se ha escrito de manera incorrecta o que los datos que emplea la fórmula originan un error de cálculo. Los errores con los que nos podemos encontrar son los siguientes:

Error	Significado
######	No se puede mostrar el número o valor completo de la celda debido al ancho de la columna. Para solucionarlo debe ajustarse dicho ancho o emplearse un tamaño de letra más pequeño.
#DIV/0!	Si se divide una celda por otra que contenga un cero o esté vacía (en cuyo caso la aplicación considera que su contenido es cero).
#N/A	Datos no disponibles; este error aparece cuando la fórmula hace referencia a una celda cuyo valor o función no están disponibles.
#¿NOMBRE?	Nombre no reconocido; aparece cuando la aplicación no reconoce uno de los nombres o referencias que se han introducido en la fórmula.
#¡NULO!	Se ha efectuado una intersección de dos rangos cuyo resultado es nulo o vacío.
#¡NUM!	Ocurre cuando se emplea un número no válido.
#¡REF!	Este error aparece cuando nos referimos a una celda no válida; por ejemplo, cuando dicha celda se ha eliminado.
#¡VALOR!	Ocurre cuando la fórmula contiene un argumento u operador no válido, por ejemplo cuando se intenta sumar un valor numérico con un texto.

Además de los errores mencionados, otra fuente de problemas en las hojas de cálculo son las denominadas referencias circulares. Si, por ejemplo, en la celda A4 introducimos la expresión =SUMA(A1:A4), estaremos generando una referencia circular: el resultado de la fórmula entra a formar parte de la propia fórmula. Matemáticamente, ello conduciría a una ecuación irresoluble. La referencia puede ser directa pero también indirecta: si en una celda introducimos una expresión cuyos argumentos, a su vez, son función de la propia celda, nos hallaremos frente a una referencia circular indirecta.

Cuando creamos una fórmula que presente una referencia circular, Excel nos avisará mediante el cuadro de diálogo de la imagen.

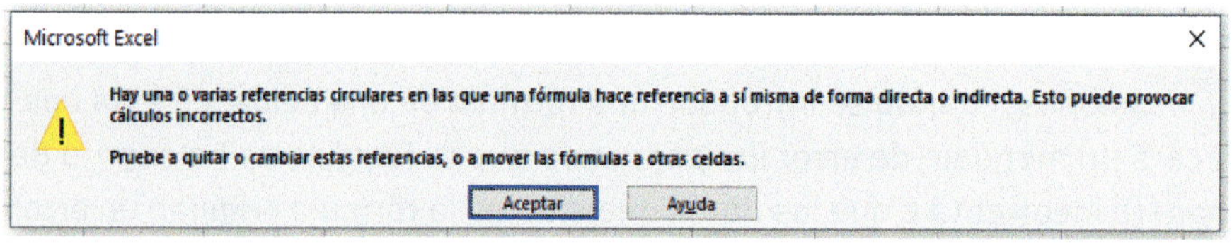

Ejercicios prácticos

ACTIVIDAD 8.1

En este ejercicio se van a desarrollar las siguientes opciones:

1. Formato de celdas: número, alineación, fuente, bordes y rellenos.
2. Operaciones matemáticas simples: sumas, restas, multiplicaciones y divisiones.
3. Ancho de columnas.
4. Márgenes.

Realiza la siguiente hoja de cálculo teniendo en cuenta las consideraciones siguientes:

1. La columna G es con fórmula, y es la suma de las cantidades situadas a la izquierda.
2. La fila 15 es con fórmula, y es la suma de todos los gastos.
3. La fila 17 es con fórmula, y es la diferencia entre las ventas y el total de gastos.
4. La fila 19 es con fórmula, y es el porcentaje que representa el beneficio bruto (fila 17) sobre las ventas de cada trimestre (celdas C6, D6, E6 y F6).
5. Establece el ancho de las columnas similar al que te doy, teniendo en cuenta que tiene que caber todo en una sola página.
6. Si no existe alguno de los tipos de letra que se dan, utiliza el que desees (que no sea Calibri).
7. Establece los rellenos de celda y bordes adecuados para que se parezca lo máximo posible a la muestra.

Algerian 14 ptos.

Century 10 ptos.

	A	B	C	D	E	F	G	H
1								
2								
3								
4			**TRIM. 1**	**TRIM. 2**	**TRIM. 3**	**TRIM. 4**	**TOTAL**	
5								
6		**VENTAS**	204,34	210,35	216,36	222,37	853,42	
7								
8		**GASTOS MATER.**						
9		CARTÓN	20,43	21,04	21,64	22,24	85,35	
10		METAL	10,22	10,52	10,82	11,12	42,68	
11		**GASTOS VARIOS**						
12		PERSONAL	72,12	72,12	72,12	72,12	288,48	
13		G. GENERALES	27,05	27,05	27,05	27,05	108,20	
14								
15		**TOTAL GTOS.**	129,82	130,73	131,63	132,53	524,71	
16								
17		**B° BRUTO**	74,52	79,62	84,73	89,84	328,71	
18								
19		**% B° SOBRE VTAS.**	**36,47**	**37,85**	**39,16**	**40,40**	**38,52**	

ACTIVIDAD 8.2

En este ejercicio se van a desarrollar las siguientes opciones:

1. Formato de celdas: número, alineación, bordes y rellenos.
2. Operaciones matemáticas simples: sumas, restas y divisiones.
3. Ancho de columnas.
4. Márgenes.
5. Combinación de celdas.
6. Operaciones sobre hojas.

Realiza la siguiente hoja de cálculo teniendo en cuenta las consideraciones siguientes:

1. La columna G es la suma de los que REPITEN (columna C) y de los NUEVOS (columna E).
2. Las columnas H e I representan el porcentaje de mujeres y de hombres sobre el total calculado en la columna G, estableciendo el formato de las celdas en forma porcentual.
3. Pon nombre a la hoja llamándola "Estadísticas". De la misma forma, elimina todas aquellas hojas que no sean necesarias.
4. Establece los márgenes y el ancho de columnas que consideres necesario para que la hoja se imprime en una sola página.

	A	B	C	D	E	F	G	H	I
1									
2			**MATRÍCULAS PRIMER CURSO**						
3			**REPITEN**		**NUEVOS**		**TOTAL**		
4		**TITULACIÓN**	**Total**	**Mujeres**	**Total**	**Mujeres**	**Total**	**% Mujeres**	**% Hombres**
5		Veterinaria	10	2	232	124	242	**52,07%**	**47,93%**
6		Medicina	13	10	38	27	51	**72,55%**	**27,45%**
7		Biología	22	10	155	98	177	**61,02%**	**38,98%**
8		Química	22	9	168	91	190	**52,63%**	**47,37%**
9		Física	9	1	53	18	62	**30,65%**	**69,35%**
10		Biotecnología	8	5	14	7	22	**54,55%**	**45,45%**
11		Ingeniería Informática	4	4	99	58	103	**60,19%**	**39,81%**

ACTIVIDAD 8.3

En este ejercicio se van a desarrollar las siguientes opciones:

1. Formato de celdas: número, alineación, fuente, bordes y rellenos.
2. Operaciones matemáticas simples: multiplicaciones.
3. Ancho de columnas y alto de filas.
4. Márgenes.
5. Referencias absolutas, relativas o mixtas.
6. Operaciones sobre hojas.

Realiza la siguiente hoja de cálculo teniendo en cuenta las consideraciones siguientes:

1. La hoja se llamará "Referencias", eliminando todas aquellas hojas que no sean necesarias.
2. El valor de cada una de las celdas es el resultado de multiplicar la fila por la columna. Como se realizará un autorelleno de celdas, utiliza en la fórmula las referencias que sean necesarias.
3. Copia la tabla resultante a partir de la fila 16 y a partir de la celda M16 realiza el producto de las dos tablas, utilizando las referencias oportunas.
4. El alto de la fila será de 21.
5. Establece los márgenes y el ancho de columnas que consideres necesario para que la hoja se imprime en una sola página.

TABLAS DE MULTIPLICAR

	1	2	3	4	5	6	7	8	9
1	1	2	3	4	5	6	7	8	9
2	2	4	6	8	10	12	14	16	18
3	3	6	9	12	15	18	21	24	27
4	4	8	12	16	20	24	28	32	36
5	5	10	15	20	25	30	35	40	45
6	6	12	18	24	30	36	42	48	54
7	7	14	21	28	35	42	49	56	63
8	8	16	24	32	40	48	56	64	72
9	9	18	27	36	45	54	63	72	81

COPIA

	1	2	3	4	5	6	7	8	9
1	1	2	3	4	5	6	7	8	9
2	2	4	6	8	10	12	14	16	18
3	3	6	9	12	15	18	21	24	27
4	4	8	12	16	20	24	28	32	36
5	5	10	15	20	25	30	35	40	45
6	6	12	18	24	30	36	42	48	54
7	7	14	21	28	35	42	49	56	63
8	8	16	24	32	40	48	56	64	72
9	9	18	27	36	45	54	63	72	81

PRODUCTO DE LAS DOS TABLAS

	1	2	3	4	5	6	7	8	9
1	1	4	9	16	25	36	49	64	81
2	4	16	36	64	100	144	196	256	324
3	9	36	81	144	225	324	441	576	729
4	16	64	144	256	400	576	784	1.024	1.296
5	25	100	225	400	625	900	1.225	1.600	2.025
6	36	144	324	576	900	1.296	1.764	2.304	2.916
7	49	196	441	784	1.225	1.764	2.401	3.136	3.969
8	64	256	576	1.024	1.600	2.304	3.136	4.096	5.184
9	81	324	729	1.296	2.025	2.916	3.969	5.184	6.561

ACTIVIDAD 8.4

En este ejercicio se van a desarrollar las siguientes opciones:

1. Formato de celdas: número, alineación, fuente, nordes y rellenos.
2. Operaciones matemáticas simples: sumas, restas, multiplicaciones y divisiones.
3. Ancho de columnas.
4. Márgenes.
5. Combinación de celdas.
6. Referencias absolutas o mixtas.

Realiza la siguiente hoja de cálculo teniendo en cuenta las consideraciones siguientes:

1. La columna C es con fórmula, y es la suma del Año de Compra más el N. de la columna B.

2. La columna D es con fórmula, y es el resultado de dividir 100 entre el Nº de Períodos de Amortización.

3. La columna E es con fórmula, y es el resultado de aplicar el % de Amortización de la columna D, al (Valor Inicial del Elemento de Inmovilizado menos el Valor Residual).

4. La columna F es con fórmula, y es la suma del Total Amortizado del período anterior más la Cuota de Amortización de este período.

5. La columna G es con fórmula, y es la diferencia entre el (Valor Inicial del Elemento de Inmovilizado menos el Valor Residual) menos el Total Amortizado.

6. Establece el ancho de las columnas similar al que te doy, teniendo en cuenta que tiene que caber todo en una sola página.

7. Si no existe alguno de los tipos de letra que se dan, utiliza el que desees (que no sea Arial).

Algerian 14 Ptos. (Color Azul)

CUADRO DE AMORTIZACIÓN CONTABLE.

MS Sans 11 Ptos. (Color Violeta)

MS Sans 10 Ptos.

VALOR INICIAL ELEM. INMOV.:	60.101,21 €
VALOR RESUDUAL:	0,00 €
Nº PERÍODOS AMORTIZACIÓN:	10
AÑO DE COMPRA:	2.004

MS Sans 10 Ptos.

N.	AÑO	% de AMORTIZ.	CUOTA AMORT.	TOTAL AMORTIZ.	VALOR CONTABLE
0					60.101,21
1	2.005	10	6.010,12	6.010,12	54.091,09
2	2.006	10	6.010,12	12.020,24	48.080,97
3	2.007	10	6.010,12	18.030,36	42.070,85
4	2.008	10	6.010,12	24.040,48	36.060,73
5	2.009	10	6.010,12	30.050,61	30.050,61
6	2.010	10	6.010,12	36.060,73	24.040,48
7	2.011	10	6.010,12	42.070,85	18.030,36
8	2.012	10	6.010,12	48.080,97	12.020,24
9	2.013	10	6.010,12	54.091,09	6.010,12

28	10	2.014	10	6.010,12	60.101,21	0,00
29	11	2.015	10	6.010,12	66.111,33	-6.010,12
30	12	2.016	10	6.010,12	72.121,45	-12.020,24
31	13	2.017	10	6.010,12	78.131,57	-18.030,36
32	14	2.018	10	6.010,12	84.141,69	-24.040,48
33	15	2.019	10	6.010,12	90.151,82	-30.050,61
34	16	2.020	10	6.010,12	96.161,94	-36.060,73
35	17	2.021	10	6.010,12	102.172,06	-42.070,85
36	18	2.022	10	6.010,12	108.182,18	-48.080,97
37	19	2.023	10	6.010,12	114.192,30	-54.091,09
38	20	2.024	10	6.010,12	120.202,42	-60.101,21
39	21	2.025	10	6.010,12	126.212,54	-66.111,33
40	22	2.026	10	6.010,12	132.222,66	-72.121,45
41	23	2.027	10	6.010,12	138.232,78	-78.131,57
42	24	2.028	10	6.010,12	144.242,90	-84.141,69
43	25	2.029	10	6.010,12	150.253,03	-90.151,82
44						

ACTIVIDAD 8.5

En este ejercicio se van a desarrollar las siguientes opciones:

1. Formato de celdas: número, alineación, fuente, bordes y rellenos.
2. Operaciones matemáticas simples: sumas, restas y multiplicaciones.
3. Función SUMA.
4. Ancho de columnas y alto de filas.
5. Márgenes.
6. Combinación de celdas.

Realiza la siguiente hoja de cálculo teniendo en cuenta las consideraciones siguientes:

1. La columna G (DIF) es con fórmula, y es la diferencia de ventas entre los dos períodos (columna E y columna F).
2. Las filas 10, 14, 19 y 23 representan los subtotales de las celdas correspondientes.
3. La fila 15 es la suma de los dos subtotales situados en la parte superior.
4. De la misma forma, la fila 24 es la suma de los dos subtotales superiores.
5. La fila 26 representa la suma de las ventas de la Tienda 1 y la Tienda 2.
6. La fila 27 se calcula aplicando el 16% de IVA al Total General.
7. La fila 28 es la suma del Total General y el IVA.

8. El alto de todas las filas será de 18.
9. Establece un ancho de columnas como se muestra, teniendo en cuenta que se tiene que imprimir en una sola página.
10. Todos los números negativos que aparezcan estarán en color rojo.
11. Establece los rellenos de celda y bordes adecuados para que se parezca lo máximo posible a la muestra.

	A	B	C	D	E	F	G
1							
2							
3		ELECTRODOMÉSTICOS AURORA, SAL					
4							
5							
6				**ARTÍCULO**	**JUL-SEP**	**OCT-DIC**	**DIF.**
7				Freidora	2.283,85 €	3.005,06 €	-721,21 €
8			REBAJAS	Secador	901,52 €	751,27 €	150,25 €
9				Exprimidor	1.923,24 €	1.352,28 €	570,96 €
10		TIENDA A		*SUBTOTAL*	*5.108,61 €*	*5.108,61 €*	*0,00 €*
11				Sandwichera	3.305,57 €	2.073,49 €	1.232,08 €
12			TEMPORADA	Secador	450,76 €	601,01 €	-150,25 €
13				Radio	1.742,94 €	1.081,82 €	661,12 €
14				*SUBTOTAL*	*5.499,27 €*	*3.756,32 €*	*1.742,95 €*
15			**TOTAL TIENDA A**		**10.607,88 €**	**8.864,93 €**	**1.742,95 €**
16				Cafetera	1.202,02 €	1.544,60 €	-342,58 €
17			REBAJAS	Aspirador	1.322,23 €	1.081,82 €	240,41 €
18				Freidora	2.103,54 €	1.406,37 €	697,17 €
19		TIENDA B		*SUBTOTAL*	*4.627,79 €*	*4.032,79 €*	*595,00 €*
20				Secador	192,32 €	1.352,28 €	-1.159,96 €
21			TEMPORADA	Walkman	721,21 €	601,01 €	120,20 €
22				DVD	1.202,20 €	1.226,06 €	-23,86 €
23				*SUBTOTAL*	*2.115,73 €*	*3.179,35 €*	*-1.063,62 €*
24			**TOTAL TIENDA B**		**6.743,52 €**	**7.212,14 €**	**-468,62 €**
25							
26				**TOTAL GENERAL**	17.351,40 €	16.077,07 €	1.274,33 €
27				**IVA (21%)**	3.643,79 €	3.376,18 €	267,61 €
28				**TOTAL VENTAS**	**20.995,20 €**	**19.453,25 €**	**1.541,94 €**

ACTIVIDAD 8.6

En este ejercicio se van a desarrollar las siguientes opciones:

1. Formato de Celdas: número, alineación, fuente, bordes y relleno.
2. Operaciones matemáticas simples: sumas, restas y divisiones.
3. Ancho de columnas.
4. Formato condicional.

Realiza la siguiente hoja de cálculo teniendo en cuenta las consideraciones siguientes:

1. Los datos de la fila 2 y de las columnas B, C y D se escriben manualmente.
2. La columna E es la media de las columnas C y D.
3. De la celda E5 a la celda E16 debes aplicar un formato condicional, de tal forma que:
   - Si tiene una nota igual o superior a un 7, el color de la fuente será azul oscuro y en negrita; el borde será de color rojo oscuro y el color de relleno será amarillo.
   - Si tiene una nota mayor o igual a 5 e inferior a 7, el color de la fuente será verde y en negrita.
   - Si tiene una nota inferior a 5, el color de la fuente será azul claro y en negrita; el borde será discontinuo y el color de relleno será naranja.
4. Aplica los rellenos y bordes que creas oportunos para dejarlo lo más parecido posible a la muestra.
5. Establece el ancho de las columnas similar al que te doy, teniendo en cuenta que tiene que caber todo en una sola página.

	A	B	C	D	E	F
1						
2		**NOTAS EVALUACIÓN FINAL 2.º FP**				
3						
4		**ALUMNO**	**1.ª EVA**	**2.ª EVA**	**MEDIA**	
5		RODRÍGUEZ ALAMÁN, FERNANDO	8,2	9,3	**8,75**	
6		BIRRUEL ARANGO, JUAN DAVID	6	5,5	**5,75**	
7		MARTÍNEZ BAQUEDANO, YOEL	3,25	3,3	**3,28**	
8		FERNÁN BRUN, CARMEN	4,5	6,2	**5,35**	
9		ZAMORA BURILLO, FRANCISCO	7	7,5	**7,25**	
10		CARCELÉN BURILLO, YOLANDA	8,5	3,6	**6,05**	
11		ANTOÑANZAS CORTÉS, JULIA	4,9	4,9	**4,90**	
12		OROZ ECHEVERRY, JOHANA	45	7	**5,75**	
13		CASTÁN FABRO, RAQUEL	8	9	**8,50**	
14		MALLADA FRESNEDA, ISABEL	5	6,5	**5,75**	
15		ORTELLS GARCÍA, MARÍA	7,75	3,75	**5,75**	
16		LADAGA GÓMEZ, VÍCTOR	2,25	1,25	**1,75**	
17						

9. Funciones

Introducción

Junto con los operadores, las funciones son un elemento esencial en la introducción en nuestra hoja de cálculo de fórmulas o expresiones matemáticas.

A lo largo de este apartado iremos viendo algunas de las funciones que Excel nos proporciona para nuestro trabajo.

Contenido

9.1. Funciones matemáticas predefinidas en la aplicación de hoja de cálculo

9.2. Reglas para utilizar las funciones predefinidas

9.3. Utilización de las funciones más usuales

9.4. Uso del asistente para funciones

9.1. Funciones matemáticas predefinidas en la aplicación de hoja de cálculo

Para estudiar la estructura de una función, tomemos como ejemplo una de las más sencillas de la que dispone Excel, la función SUMA. Si queremos sumar dos celdas (por ejemplo, la A1 y la A3), podemos introducir la expresión:

=SUMA(A1;A3)

Observemos que en la función encerramos los sumandos entre paréntesis y los separamos por un punto y coma; en general, los datos que admite una función para operar con ellos se denominan *argumentos*. Si quisiéramos sumar un rango de celdas (por ejemplo, todos los datos contenidos en las diez celdas del rango A1 hasta A10), emplearíamos la expresión:

=SUMA(A1:A10)

En este caso, la función tiene un solo argumento, el "A1:A10". Este, a su vez, emplea el operador dos puntos (:), que sirve —como hemos visto anteriormente— para señalar un rango de celdas.

Otra función útil y fácil de comprender y manejar es la función PROMEDIO, que calcula la *media aritmética* o valor medio de un grupo de valores o un rango de celdas. Así, por ejemplo, para calcular el valor medio de las celdas B3 a B17, emplearíamos la siguiente fórmula:

=PROMEDIO(B3:B17)

El número de argumentos que admite una función depende de la naturaleza de la misma. Hay funciones como la SUMA que pueden llevar un número de argumentos (sumandos) en teoría ilimitado. Otras, por el contrario, como las razones trigonométricas (seno, coseno, tangente, etc.), solo llevan un argumento: el ángulo. Otras, por último, pueden no llevar argumento alguno: si en una celda escribimos =ALEATORIO(), la función ALEATORIO situará en ella un número aleatorio entre 0 y 1; cuando una función no lleva argumentos, es preciso en cualquier caso el uso de los paréntesis.

9.2. Reglas para utilizar las funciones predefinidas

La sintaxis de cualquier función es:

nombre_función(argumento1;argumento2;...;argumentoN)

Para aplicar las funciones se deben tener en cuenta las siguientes reglas:

- Si la función va al comienzo de una fórmula, debe empezar por el signo =.
- Los argumentos o valores de entrada van siempre entre paréntesis. No se dejan espacios antes o después de cada paréntesis.
- Los argumentos pueden ser valores constantes (número o texto), fórmulas o funciones.
- Los argumentos deben separarse por un punto y coma (;).

9.3. Utilización de las funciones más usuales

9.3.1. Función SI

Hay ocasiones en las que las operaciones o los valores de la hoja de cálculo no son iguales para todos los casos, sino que dependen de ciertas condiciones. Excel proporciona un conjunto de funciones que emplean las comparaciones lógicas introducidas anteriormente. La primera de ellas es la **función SI.**

Cuando introducimos la función SI en una celda de la hoja, especificamos un determinado *criterio lógico*. Si se cumple —es decir, si el criterio o la expresión lógica que hemos introducido es verdadera—, la función introducirá en la celda un determinado valor o una determinada fórmula; si no se cumple —es decir, si el criterio o la expresión lógica es falsa—, la función introducirá en la celda otro valor o fórmula. Expresamos la función de la siguiente manera:

=SI(criterio;valor si verdadero;valor si falso)

Por ejemplo, la función podría fijarse en los ingresos diarios (almacenados, por ejemplo, en la celda B2) y escribir "Ingresos altos" si estos son mayores o iguales que 300 euros o "Ingresos bajos" si estos son menores que dicha cifra. Lo escribiríamos del siguiente modo:

=SI(B2>=300;"Ingresos altos";"Ingresos bajos")

Hemos introducido el criterio o comprobación lógica ("el valor de la celda B2 es mayor o igual a 300"), un valor en el caso de que esta se cumpla y otro valor en el caso de que no se cumpla (es decir, que el valor de la celda B2 sea menor que 300). Puesto que los valores son texto, deben ir entrecomillados.

9.3.2. SUMAR.SI, PROMEDIO.SI, CONTAR.SI

Existen casos en los que deberemos operar no con un rango de celdas fijo, sino con aquellas que cumplan determinadas condiciones. Quizá en una empresa necesitemos saber cuántos ingresos proporcionan los clientes cuya facturación anual supera una cierta cantidad. Excel dispone de una serie de funciones para efectuar esta clase de operaciones: son las funciones SUMAR.SI, PROMEDIO.SI, CONTAR.SI, etcétera. Veamos su sintaxis con un ejemplo. La fórmula

=SUMAR.SI(A1:A10;">1000")

permitirá sumar los valores de las celdas A1 hasta la A10 que sean mayores que 1000. Esta función admite también especificar un rango para la comparación y otro para la suma: por ejemplo, si la localidad de un cliente está almacenada en la columna B y su facturación en la C, y queremos sumar la facturación de todos los clientes de Madrid, usaríamos la función con la sintaxis siguiente:

=SUMAR.SI(B1:B10;"Madrid";"C1:C10")

Con esta fórmula, el programa sumaría las celdas de la columna C para las que el correspondiente valor en la columna B fuese "Madrid".

La sintaxis de las otras dos funciones es igual que la vista con la función SUMAR.SI, por lo que la explicación realizada es totalmente válida para estas otras funciones.

9.3.3. Funciones financieras

No vamos a realizar un examen exhaustivo de todas las funciones financieras, pero sí que mostraremos un listado de las más utilizadas.

- **PAGO.** Devuelve el pago de un préstamo basado en pagos y tasas de interés constantes. La sintaxis es la siguiente:

  =PAGO (tasa;nper;va;vf;tipo)

- **PAGOINT.** Devuelve el interés pagado por una inversión durante período determinado, basado en pagos constantes y periódicos y una tasa de interés constante. La sintaxis es la siguiente:

  =PAGOINT (tasa;periodo;nper;va;vf;tipo)

- **PAGOPRIN.** Devuelve el pago de un capital de una inversión determinada, basado en pagos constantes y periódicos y una tasa de interés constante. La sintaxis es la siguiente:

  =PAGOPRIN (tasa;periodo;nper;va;vf;tipo)

- **TIR.** Devuelve la tasa interna de retorno de una inversión para una serie de valores en efectivo.

  Estos flujos de caja no tienen el porqué ser constantes, como es el caso de una anualidad. Pero si los flujos de caja deben ocurrir en intervalos regulares, como meses o años. La tasa interna de retorno equivale a la tasa producida por un proyecto de inversión con pagos (valores negativos) e ingresos (valores positivos) que ocurren en períodos regulares. La sintaxis es la siguiente:

  =TIR (valores;estimar)

9.3.4. Funciones de búsqueda

- **BUSCARV.** Busca un valor en la primera columna de la izquierda y devuelve el valor en la misma fila desde una columna especificada. La sintaxis es la siguiente:

  =BUSCARV (valor_buscado;matriz_tabla;indicador_columnas;rango)

- **TRANSPONER.** Intercambia en una matriz las filas por las columnas. La sintaxis es la siguiente:

  =TRANSPONER(matriz)

9.3.5. Funciones de fecha y hora

- **AHORA.** Esta función nos devuelve la fecha y la hora actual del sistema con formato de fecha y hora. La sintaxis es la siguiente:

  =AHORA()

9.3.6. Funciones estadísticas

- **MAX.** Devuelve el valor máximo de la lista de valores. La sintaxis es la siguiente:

  =MAX(número1;número2;...)

- **MIN.** Devuelve el valor mínimo de la lista de valores. La sintaxis es la siguiente:

  =MIN(número1;número2;...)

- **MEDIANA.** Devuelve la mediana, el número central, de la lista de valores. La sintaxis es la siguiente:

=MEDIANA(número1;número2;...)

- **MODA.** Devuelve el valor que más se repite en la lista de valores. La sintaxis es la siguiente:

=MODA(número1;número2;...)

- **VAR.** Devuelve la varianza de una lista de valores. La sintaxis es la siguiente:

=VAR(número1;número2;...)

9.4. Uso del asistente para funciones

En Excel, en la ficha *Fórmulas* y el grupo *Biblioteca de funciones* podemos acceder a las diversas funciones de la biblioteca, que se encuentran agrupadas en categorías lógicas. Si se desea insertar una función, podemos emplear el botón *Insertar función* de dicho grupo o bien el botón *fx* situado a la izquierda de la caja de introducción de datos; ello abrirá el cuadro de diálogo *Insertar función*.

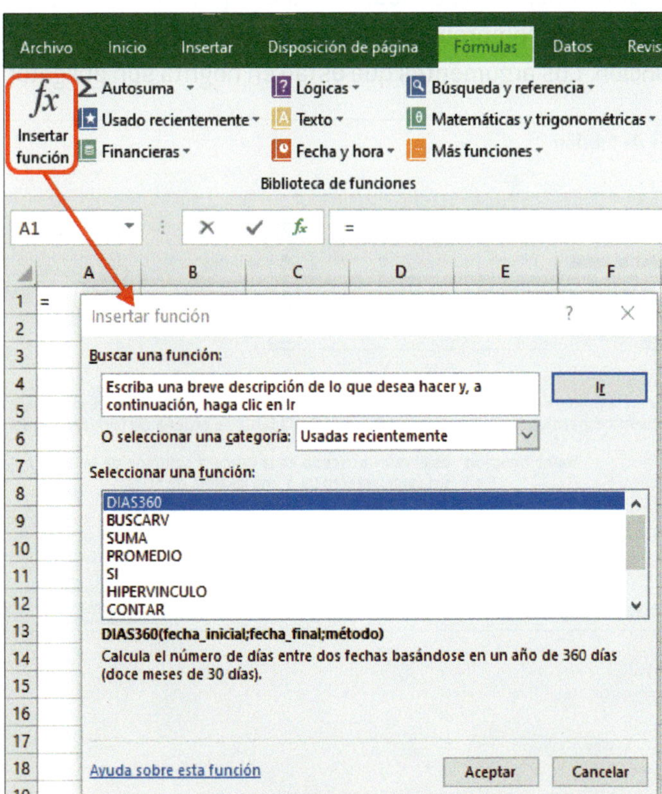

Excel nos permite buscar la función que necesitamos escribiendo una breve descripción de la función necesitada en el recuadro *Buscar una función:* y a continuación hacer clic sobre el botón *Ir*, de esta forma no es necesario conocer cada una de las funciones que incorpora Excel ya que el nos mostrará en el cuadro de lista *Seleccionar una función:* las funciones que tienen que ver con la descripción escrita.

Para que la lista de funciones no sea tan extensa podemos seleccionar previamente una categoría del cuadro combinado *O seleccionar una categoría:*, esto hará que en el cuadro de lista solo aparezcan las funciones de la categoría elegida y reduzca por lo tanto la lista. Si no estamos muy seguros de la categoría, podemos elegir *Todas.*

En el cuadro de lista *Seleccionar una función:* hay que elegir la función que deseamos haciendo clic sobre esta.

Observa como conforme seleccionamos una función, en la parte inferior nos aparecen los distintos argumentos y una breve descripción de esta. También disponemos de un enlace *Ayuda sobre esta función* para obtener una descripción más completa de dicha función.

Al seleccionar la función que deseamos utilizar (en nuestro caso, la función BUSCARV), podemos comprobar cómo nos aparecen los diferentes argumentos de la función. Los argumentos que están en negrita son obligatorios.

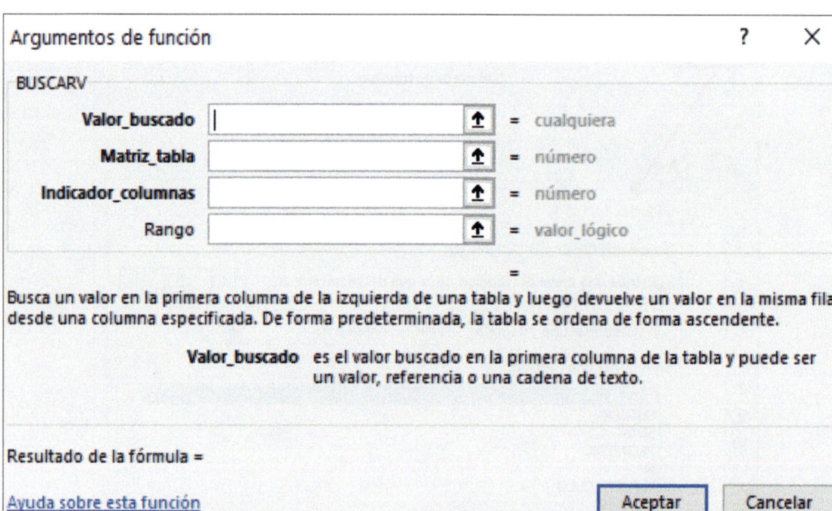

Ejercicios prácticos

ACTIVIDAD 9.1

En este ejercicio se van a desarrollar las siguientes opciones:

1. Formato de celdas: número, alineación, fuente, bordes y relleno.
2. Operaciones matemáticas simples: sumas, restas, multiplicaciones y divisiones.
3. Función SUMA.
4. Ancho de columnas.
5. Márgenes.
6. Orientación.
7. Combinación de celdas.

Realiza la siguiente hoja de cálculo teniendo en cuenta las consideraciones siguientes:

1. La columna G es con fórmula, y es: saldo del día anterior + Debe - Haber; y los saldos negativos saldrán en color rojo.
2. La columna H es con fórmula, y es la diferencia entre el Valor de la operación siguiente menos el Valor de la operación de ese día (Columna D). Los últimos días se calculan como diferencia de la celda D34 y la D25.
3. La columna I es con fórmula, y es: Saldo Positivo * Días / 100. (Los ceros se ponen manuales).
4. La columna J es con fórmula, y es: Saldo Negativo * Días / 100. (Los ceros se ponen manuales).
5. La celda E34 es con fórmula, y es: Suma Números Deudores * Tipo Interés Deudor * 100 / 360.
6. La celda F34 es con fórmula, y es: Suma Números Acreedores * Tipo Interés Acreedor * 100 / 360.
7. Establece el ancho de las columnas similar al que te doy, teniendo en cuenta que tiene que caber todo en una sola página.
8. Si no existe alguno de los tipos de letra que se dan, utiliza el que desees (que no sea Calibri).

Euroestil-WP 20 ptos. (Color Rojo)

LIQUIDACIÓN DE UNA CTA. CTE. (MÉTODO HAMBURGÉS)

CRÉDITO CONCEDIDO:		6.010,12
INTERÉS DEUDOR:		10,00%
INTERÉS ACREEDOR:		2,00%
FECHA DE CIERRE:		30/06/21
GTOS. APERTURA:	PÓLIZA:	25,00
	COMISIÓN:	12,5
	OTROS:	5,25
TOTAL GASTOS DE APERTURA:		42,75

→ MS Sans Serif 12 ptos. (Letras color azul, Números color negro)

Bordes Color Rojo

			CAPITALES				NÚMEROS	
FECHA	CONCEPTO	VALOR	DEBE	HABER	SALDO	D	DEUDOR	ACREED.
01/01/2021	GASTOS APERTURA	01/01/2021	42,75		42,75	3	1,28	0,00
04/01/2021	TALÓN 1	04/01/2021	2.283,85		2.326,60	3	69,80	0,00
07/01/2021	TALÓN 2	07/01/2021	1.923,24		4.249,84	25	1.062,46	0,00
31/01/2021	S. REMESA EFECTOS	01/02/2021		1.502,53	2.747,31	15	412,10	0,00
15/02/2021	ENTREGA EN EFECTIVO	16/02/2021		601,01	2.146,30	16	343,41	0,00
05/03/2021	TRANSF. S.F.	04/03/2021		1.202,02	944,28	11	103,87	0,00
15/03/2021	TALÓN 3	15/03/2021	300,51		1.244,79	1	12,45	0,00
18/03/2021	REMESA EFECTOS	16/03/2021		1.803,04	-558,25	5	0,00	27,91
21/03/2021	TALÓN 4	21/03/2021	3.197,38		2.639,13	10	263,91	0,00
31/03/2021	CIERRE Y CALCULO INT.	31/03/2021			2.639,13	91	2.401,61	0,00
					2.639,13			
					2.639,13			
					2.639,13			
	INTERESES	30-jun	129,75	0,16	2.768,72			
	SALDO A CTA. NUEVA	... .			**2.768,72**			

→ MS Sans Serif 10 ptos.

→ Arial 10 ptos.

ACTIVIDAD 9.2

En este ejercicio se van a desarrollar las siguientes opciones:

1. Formato de celdas: número, alineación, fuente, bordes y rellenos.
2. Operaciones matemáticas simples: restas y multiplicaciones.
3. Funciones: SUMA y SI.
4. Ancho de columnas.
5. Márgenes.
6. Orientación.
7. Combinación de celdas.
8. Referencias relativas, absolutas y mixtas

Realiza la siguiente hoja de cálculo teniendo en cuenta las consideraciones siguientes:

1. El tipo de letra a utilizar es Bookman Old Style de 11 puntos, salvo el nombre de la empresa que será de 20 puntos.
2. Hasta la columna E todos los datos se escriben manualmente.
3. El sueldo es la multiplicación del número de horas por el precio por hora (celda C20).
4. El plus cargo es el resultado de aplicar el porcentaje situado en la celda C21 al sueldo, pero solamente para aquellos trabajadores que sean director.
5. El bruto es la suma del sueldo y el plus cargo, utilizando para ello la función correspondiente.
6. El IRPF es el resultado de aplicar el porcentaje ubicado en la celda C22 al sueldo.
7. De la misma forma, la Seguridad Social es la multiplicación del porcentaje (celda C23) por el sueldo.
8. El sueldo neto es el sueldo menos el IRPF y la Seguridad Social.
9. Establece los márgenes y el ancho de columnas que consideres necesario para que la hoja se imprima en una sola página.
10. Llama a la hoja "SUELDOS".

MODERNA, SLNE

Abril 2021

EMPLEADO	Nº HORAS	DEPARTAMENTO	PUESTO	SUELDO	PLUS CARGO	BRUTO	IRPF	S. SOCIAL	S. NETO
Paloma Barrios	40	INVESTIGACIÓN	DIRECTOR	1.568,00 €	470,40 €	2.038,40 €	366,91 €	183,46 €	1.488,03 €
Juan Moreno	29	FINANCIERO	CONTABLE	1.136,80 €	0,00 €	1.136,80 €	204,62 €	102,31 €	829,86 €
Antonia Pertonás	33	INVESTIGACIÓN	COMERCIAL	1.293,60 €	0,00 €	1.293,60 €	232,85 €	116,42 €	944,33 €
Ana Bartolomé	31	COMERCIAL	COMERCIAL	1.215,20 €	0,00 €	1.215,20 €	218,74 €	109,37 €	887,10 €
Jorge Pastor	40	COMERCIAL	DIRECTOR	1.568,00 €	470,40 €	2.038,40 €	366,91 €	183,46 €	1.488,03 €
Marta Sanz	40	INVESTIGACIÓN	COMERCIAL	1.568,00 €	0,00 €	1.568,00 €	282,24 €	141,12 €	1.144,64 €
Otilia Montaner	12	FINANCIERO	CONTABLE	470,40 €	0,00 €	470,40 €	84,67 €	42,34 €	343,39 €
Manuela Romanos	37	INVESTIGACIÓN	CONTABLE	1.450,40 €	0,00 €	1.450,40 €	261,07 €	130,54 €	1.058,79 €
Andrés Molinero	19	COMERCIAL	COMERCIAL	744,80 €	0,00 €	744,80 €	134,06 €	67,03 €	543,70 €
Santiago Zamorano	35	FINANCIERO	DIRECTOR	1.372,00 €	411,60 €	1.783,60 €	321,05 €	160,52 €	1.302,03 €
TOTALES				**12.387,20 €**	**1.352,40 €**	**13.739,60 €**	**2.473,13 €**	**1.236,56 €**	**10.029,91 €**

PLUSES Y RETENCIONES	
PRECIO POR HORA	39,20 €
CARGO DIRECTOR	30%
IRPF	18%
SEGURIDAD SOCIAL	9%

SUELDOS

ACTIVIDAD 9.3

En este ejercicio se van a desarrollar las siguientes opciones:

1. Formato de celdas: número, alineación, fuente, bordes y relleno.
2. Funciones: SI, PROMEDIO, MAX, MIN y CONTAR.SI.
3. Ancho de columnas.
4. Márgenes.
5. Combinación de celdas.

Realiza la siguiente hoja de cálculo teniendo en cuenta las consideraciones siguientes:

1. El tipo de letra a utilizar es Bookman Old Style de 10 puntos.
2. La columna G representa la nota media del alumno en el curso.
3. En la columna H aparecerá APROBADO cuando la nota media sea mayor o igual que 5, estableciendo SUSPENDIDO en caso contrario.
4. En la fila 21 aparecerá la media de las distintas materias.
5. La fila 22 representa la nota máxima de cada una de las materias.
6. La fila 23 muestra la nota mínima de la materia.
7. Las filas 24 y 25 cuentan los alumnos que han aprobado o suspendido cada una de las materias, respectivamente.
8. Establece el ancho de las columnas similar al que te doy, teniendo en cuenta que tiene que caber todo en una sola página.

	A	B	C	D	E	F	G	H
1								
2								
3			**NOTAS DEL CURSO**					
4								
5								
6		MATERIAS	**INFORMÁTICA**	**E. FÍSICA**	**MATEMÁTICAS**	**HISTORIA**	**MEDIA**	**NOTA**
7								
8		**ALUMNOS**						
9		SALVADOR	7	6	8	9	7,5	**APROBADO**
10		ESTHER	6	7	10	6	7,25	**APROBADO**
11		MARÍA	7	8	5	8	7	**APROBADO**
12		MIGUEL	8	9	9	0	6,5	**APROBADO**
13		ALFONSO	5	3	5	5	4,5	**SUSPENDIDO**
14		OLVIDO	6	5	6	7	6	**APROBADO**
15		JAIME	3	4	3	4	3,5	**SUSPENDIDO**
16		TERESA	4	2	8	9	5,75	**APROBADO**
17		BERNARDO	8	8	4	7	6,75	**APROBADO**
18		CARLOS	1	8	2	3	3,5	**SUSPENDIDO**
19		ANTONIO	3	8	9	8	7	**APROBADO**
20								
21		NOTA MEDIA	5,27	6,18	6,27	6,00	5,93	
22		NOTA MÁXIMA	8	9	10	9	7,5	
23		NOTA MÍNIMA	1	2	2	0	3,5	
24		APROBADOS	7	8	8	8	8	
25		SUSPENDIDOS	4	3	3	3	3	

ACTIVIDAD 9.4

En este ejercicio se van a desarrollar las siguientes opciones:

1. Formato de celdas: número, alineación, fuente, bordes y rellenos.
2. Operaciones matemáticas simples: sumas, restas y multiplicaciones.
3. Funciones: SI y SUMAR.SI.
4. Ancho de columnas.
5. Alto de filas.
6. Márgenes.
7. Orientación.
8. Combinación de celdas.
9. Trabajo con varias hojas.

Se trata de llevar el control del sueldo de los trabajadores de mi empresa en las últimas 5 quincenas del año en curso, teniendo en cuenta las siguientes consideraciones:

1. El libro de trabajo constará de dos hojas: "VARIABLES" en donde figuran los datos necesarios para realizar los cálculos; y la hoja "NÓMINAS" con el control del sueldo.
2. Los datos que figuran en la hoja Variables se escriben manualmente, no habiendo ninguna fórmula.
3. Los cálculos de la hoja NÓMINAS son:
   - Los datos de las columnas B, C, D, E, F y G se escriben manualmente.
   - La columna H es el resultado de multiplicar el número de hijos por el plus por hijo que se encuentra en la hoja Variables.
   - La columna I es el resultado de sumar lo que cobran los trabajadores por horas y horas extras (como resultado de multiplicar el número de horas por su precio, que se encuentra en la hoja Variables) más el plus por hijos.
   - El IRPF se calcula en función del bruto, teniendo en cuenta las consideraciones de la hoja Variables.
   - La Seguridad Social es el resultado de aplicar el porcentaje establecido al bruto.

- El neto es el resultado de restar al bruto el IRPF y la Seguridad Social.
- Las filas 28, 29, 30 y 31 representan la suma de todos los conceptos a lo largo de las 5 quincenas (utiliza para calcular estas filas la función SUMAR.SI).

4. Establece el ancho de las columnas similar al que te doy, teniendo en cuenta que tiene que caber todo en una sola página.

HOJA "VARIABLES"

	A	B	C
1		PRECIO HORAS NORMAL	26,70 €
2		PRECIO HORAS EXTRAS	33,40 €
3		IRPF: Bruto > 980,50 €	15%
4		IRPF: Bruto < 980,50 €	7,5%
5		SEGURIDAD SOCIAL	9%
6		PLUS POR HIJO	11,75 €

SUMINISTROS EBRONAUTA, Scoop

PERIODO	EMPLEADO	Nº HIJOS	HORAS	H. EXTRAS	P. HIJOS	BRUTO	IRPF	S. SOCIAL	NETO
15-oct	ANA MONREAL	3	25	8	35,25 €	969,95 €	72,75 €	87,30 €	809,91 €
15-oct	MIGUEL CASTAÑO	1	25	9	11,75 €	979,85 €	73,49 €	88,19 €	818,17 €
15-oct	JULIA YUSTE	2	37,5	11	23,50 €	1.392,15 €	208,82 €	125,29 €	1.058,03 €
15-oct	LUCÍA SANZ	0	37,5	10	0,00 €	1.335,25 €	200,29 €	120,17 €	1.014,79 €
01-nov	ANA MONREAL	3	25	14	35,25 €	1.170,35 €	175,55 €	105,33 €	889,47 €
01-nov	MIGUEL CASTAÑO	1	25	11	11,75 €	1.046,65 €	157,00 €	94,20 €	795,45 €
01-nov	JULIA YUSTE	2	37,5	11	23,50 €	1.392,15 €	208,82 €	125,29 €	1.058,03 €
01-nov	LUCÍA SANZ	0	37,5	8	0,00 €	1.268,45 €	190,27 €	114,16 €	964,02 €
15-nov	ANA MONREAL	3	25	13	35,25 €	1.136,95 €	170,54 €	102,33 €	864,08 €
15-nov	MIGUEL CASTAÑO	1	25	12	11,75 €	1.080,05 €	162,01 €	97,20 €	820,84 €
15-nov	JULIA YUSTE	2	37,5	8	23,50 €	1.291,95 €	193,79 €	116,28 €	981,88 €
15-nov	LUCÍA SANZ	0	37,5	6	0,00 €	1.201,65 €	180,25 €	108,15 €	913,25 €
01-dic	ANA MONREAL	3	25	10	35,25 €	1.036,75 €	155,51 €	93,31 €	787,93 €
01-dic	MIGUEL CASTAÑO	1	25	16	11,75 €	1.213,65 €	182,05 €	109,23 €	922,37 €
01-dic	JULIA YUSTE	2	37,5	9	23,50 €	1.325,35 €	198,80 €	119,28 €	1.007,27 €
01-dic	LUCÍA SANZ	0	37,5	21	0,00 €	1.702,65 €	255,40 €	153,24 €	1.294,01 €
15-dic	ANA MONREAL	3	25	10	35,25 €	1.036,75 €	155,51 €	93,31 €	787,93 €
15-dic	MIGUEL CASTAÑO	1	25	13	11,75 €	1.113,45 €	167,02 €	100,21 €	846,22 €
15-dic	JULIA YUSTE	2	37,5	7	23,50 €	1.258,55 €	188,78 €	113,27 €	956,50 €
15-dic	LUCÍA SANZ	0	37,5	12	0,00 €	1.402,05 €	210,31 €	126,18 €	1.065,56 €

SUELDO TOTAL DE LAS 5 QUINCENAS

NOMBRE DEL EMPLEADO	SUELDO BRUTO	RETENCIÓN IRPF	SEGURIDAD SOCIAL	SUELDO NETO
ANA MONREAL	5.350,75 €	729,87 €	481,57 €	4.139,32 €
MIGUEL CASTAÑO	5.433,65 €	741,56 €	489,03 €	4.203,06 €
JULIA YUSTE	6.660,15 €	999,02 €	599,41 €	5.061,71 €
LUCÍA SANZ	6.910,05 €	1.036,51 €	621,90 €	5.251,64 €

ACTIVIDAD 9.5

En este ejercicio se van a desarrollar las siguientes opciones:

1. Formato de celdas: número, alineación, fuente y bordes.
2. Operaciones matemáticas simples: restas y multiplicaciones.
3. Trabajo con varias hojas.
4. Funciones: SI y SUMA.
5. Referencias absolutas, relativas o mixtas.
6. Ancho de columnas y alto de filas.
7. Márgenes.
8. Orientación.
9. Encabezado.

Se pretende crear un libro de trabajo relativo a los costes mensuales de una empresa cuya actividad es ensamblar coches.

El libro constará de tres hojas:

1. **COSTES**. Contiene la información relativa a cada uno de los componentes.
2. **DEMANDAS**. Contiene las demandas de coches correspondientes al año que viene.
3. **PREVISIONES**. Con la ayuda de los datos anteriores, se pretende calcular los costes que se prevén de cada componente, así como el coste total (por coche), según la demanda de cada mes.

Los datos de las dos primeras hojas son:

COSTES

	A	B	C	D	E	F	G
1							
2		**Código**	**Componente**	**Uds./Coche**	**Descuento 1**	**Descuento 2**	**Precio**
3		1	Carrocería	1	10%	20%	350,00 €
4		2	Motor	1	13%	20%	1.000,00 €
5		3	Rueda	4	15%	25%	20,00 €
6		4	Adorno	2	5%	10%	100,00 €

DEMANDAS

	A	B	C	D	E	F	G	H	I	J	K	L	M
1													
2		Ene	Feb	Mar	Abr	May	Jun	Jul	Ago	Sep	Oct	Nov	Dic
3		1200	900	800	450	600	400	350	500	800	900	1000	1700

Calcular de la forma más óptima posible los datos de la hoja Previsiones, donde se reflejan los costes de cada componente y el Total de Coches en cada mes. Para calcular los costes de cada componente se tendrá en cuenta:

- Si la demanda del componente es mayor o igual a 1.000 unidades, se deberá aplicar el Descuento 2.
- Si la demanda del componente está entre 5000 y 1.000 unidades, se deberá aplicar el Descuento 1.
- Si la demanda es inferior a 500 unidades, el componente no lleva descuento.

Para calcular la fila de los costes por coche en cada mes, se sumarán los costes de todos los componentes correspondientes a cada mes.

PREVISIONES

	A	B	C	D	E	F	G	H	I	J	K	L	M	N
1														
2		Coste Componente	Ene	Feb	Mar	Abr	May	Jun	Jul	Ago	Sep	Oct	Nov	Dic
3		Carrocería	336.000	283.500	252.000	157.500	189.000	140.000	122.500	157.500	252.000	283.500	280.000	476.000
4		Motor	960.000	783.000	696.000	450.000	522.000	400.000	350.000	435.000	696.000	783.000	800.000	1.360.000
5		Rueda	72.000	61.200	54.400	36.000	40.800	32.000	28.000	34.000	54.400	61.200	60.000	102.000
6		Adorno	216.000	171.000	152.000	90.000	114.000	80.000	70.000	95.000	152.000	171.000	180.000	306.000
7		Total Coche	1.584.000 €	1.298.700 €	1.154.400 €	733.500 €	865.800 €	652.000 €	570.500 €	721.500 €	1.154.400 €	1.298.700 €	1.320.000 €	2.244.000 €

El tamaño de letra a utilizar en esta última hoja será de 9 puntos. Además, se deberá poner en la parte derecha del encabezado el nombre de la hoja.

ACTIVIDAD 9.6

En este ejercicio se van a desarrollar las siguientes opciones:

1. Formato de celdas: número, alineación, fuente y bordes.
2. Operaciones matemáticas simples: restas y multiplicaciones.
3. Funciones: SI, SUMA, PROMEDIO, MAX y MIN.
4. Ancho de columnas.
5. Márgenes.
6. Combinación de celdas.

Vamos a diseñar una hoja de cálculo para poder calcular las comisiones que hay que pagar a los representantes de nuestra empresa, en función de las ventas que realizan durante un mes en concreto. Para ello disponemos de la siguiente información:

REPRESENTANTE	VENTAS
JULIÁN	91.654,35 €
PEDRO	73.623,98 €
DAMIÁN	64.007,79 €
ANA	9.267,61 €
FRANCISCO	2.554,30 €
JOAQUÍN	39.558,62 €
MERCEDES	44.823,48 €
MARÍA DEL MAR	75.276,77 €
FEDERICO	154.171,63 €
MARÍA DOLORES	75.276,77 €

A partir de esta información inicial, hemos de realizar los siguientes cálculos:

1. **COMISIÓN** a pagar. Esta comisión es un porcentaje fijo (8%) sobre las ventas que ha realizado el representante.
2. **IRPF** a descontar. Es un 15% fijo sobre el importe que le correspondería como comisión.
3. **A PAGAR**. La diferencia entre la comisión y el IRPF.

4. Totalizar los siguientes datos:
   - Ventas realizadas por los representantes.
   - Comisiones a pagar a los representantes.
   - IRPF a descontar de las comisiones.
   - Total a pagar a todos los empleados.
5. Calcular cuál ha sido la venta máxima, mínima y el promedio de ventas de todos los representantes.

Una vez realizadas estas operaciones, vamos a realizar una serie de cálculos adicionales, que nos permitirán evaluar diferentes formas de pagar las comisiones. Para ello realizaremos lo siguiente:

1. Cálculo de la **COMISIÓN 1**. ¿Qué comisión tendría que pagar a los representantes si en vez de darles un porcentaje fijo del 8%, les aplicara un porcentaje distinto en función de las ventas que hagan? La forma de calcularlo será la siguiente:
   - Todo aquel comercial que venda hasta 60.101,21 €, inclusive, la daremos un 8%.
   - Si vende más de 60.101,21 €, entonces le daremos un 10%.
2. Cálculo de la **COMISIÓN 2**. Se dará una comisión del 5% sobre las ventas de los representantes, siempre y cuando sean superiores al promedio de ventas que han realizado todos ellos. En el caso de que no superen el promedio, el representante no tendrá comisión.
3. Cálculo de la **COMISIÓN 3**. Se dará una comisión del 7% siempre y cuando el representante haya tenido una venta que sea superior a la diferencia entre las ventas máxima y mínima de los representantes. En caso de que no sea superior a esta diferencia, solo le daremos un 3%.

	B	C	D	E	F	G	H	I
1								
2	LIQUIDACIÓN DE COMISIONES							
3								
4				NUEVA COMISIÓN				
5	% COMISIÓN	8%		HASTA 60.101,21 €		8%		
6	% IRPF	15%		MAS DE 60.101,21 €		10%		
7								
8	REPRESENTANTE	VENTAS	COMISIÓN	IRPF	A PAGAR	COMISIÓN 1	COMISIÓN 2	COMISIÓN 3
9	JULIÁN	91.654,35 €	7.332,35 €	1.099,85 €	6.232,50 €	9.165,43 €	4.582,72 €	2.749,63 €
10	PEDRO	73.623,98 €	5.889,92 €	883,49 €	5.006,43 €	7.362,40 €	3.681,20 €	2.208,72 €
11	DAMIÁN	64.007,79 €	5.120,62 €	768,09 €	4.352,53 €	6.400,78 €	3.200,39 €	1.920,23 €
12	ANA	9.267,61 €	741,41 €	111,21 €	630,20 €	741,41 €	0,00 €	278,03 €
13	FRANCISCO	2.554,30 €	204,34 €	30,65 €	173,69 €	204,34 €	0,00 €	76,63 €
14	JOAQUÍN	39.558,62 €	3.164,69 €	474,70 €	2.689,99 €	3.164,69 €	0,00 €	1.186,76 €
15	MERCEDES	44.823,48 €	3.585,88 €	537,88 €	3.048,00 €	3.585,88 €	0,00 €	1.344,70 €
16	MARÍA DEL MAR	75.276,77 €	6.022,14 €	903,32 €	5.118,82 €	7.527,68 €	3.763,84 €	2.258,30 €
17	FEDERICO	154.171,63 €	12.333,73 €	1.850,06 €	10.483,67 €	15.417,16 €	7.708,58 €	10.792,01 €
18	MARÍA DOLORES	75.276,77 €	6.022,14 €	903,32 €	5.118,82 €	7.527,68 €	3.763,84 €	2.258,30 €
19								
20	TOTALES	630.215,28 €	50.417,22 €	7.562,58 €	42.854,64 €	61.097,45 €	26.700,56 €	25.073,32 €
21								
22	PROMEDIO	63.022						
23	MÁXIMO	154.172						
24	MÍNIMO	2.554						

ACTIVIDAD 9.7

En este ejercicio se van a desarrollar las siguientes opciones:

1. Formato de celdas: número, alineación, fuente, bordes y relleno.
2. Operaciones matemáticas simples: sumas y multiplicaciones.
3. Funciones: BUSCARV y SUMA.
4. Referencias absolutas, relativas o mixtas.
5. Ancho de columnas.
6. Márgenes.
7. Combinación de celdas.

Realiza la siguiente hoja de cálculo teniendo en cuenta las consideraciones siguientes:

1. Las columnas B, C y D se escriben manualmente.
2. El Importe es la multiplicación del Nº de Horas por el Precio de cada hora, teniendo en cuenta que este precio varía en función del departamento al que pertenece cada empleado. (Utilizar la función BUSCARV).
3. La columna F es el resultado de multiplicar el Importe por el porcentaje que cobran por Incentivos (celda D23).
4. El Total a Pagar es la suma del Importe y los Incentivos.
5. La celda H23 refleja el importe total a pagar a todos los empleados.
6. Ajusta el ancho de las columnas y el alto de las filas para conseguir un resultado similar al que te doy. Hay que tener en cuenta que tiene que caber todo en una sola página.

Facturación

Empleado	Departamento	Nº Horas	Importe	Incentivos	Total a Pagar
Lorenzo	Compras	32	230,72	18,46	249,18
Elvira	Administración	32	269,12	21,53	290,65
Sonia	Compras	45	324,45	25,96	350,41
Federico	Administración	17	142,97	11,44	154,41
Fermín	Administración	20	168,2	13,46	181,66
Ana	Contabilidad	20	192,4	15,39	207,79
Miguel	Compras	17	122,57	9,81	132,38
Lorena	Contabilidad	30	288,6	23,09	311,69
Marta	Compras	29	209,09	16,73	225,82

Precio por hora según departamento	
Administración	8,41
Contabilidad	9,62
Compras	7,21

Incentivos	8%

Importe final de la Facturación	2.103,97 €

ACTIVIDAD 9.8

Realiza un nuevo libro de Microsoft Excel al que llamarás **Piscina.**

Aspectos a trabajar:

- Formato de celdas: número, alineación, fuente, bordes y relleno.
- Operaciones matemáticas simples: restas y divisiones.
- Funciones: BUSCARV, SI, ENTERO, HOY y SUMAR.SI.
- Referencias absolutas, relativas o mixtas.
- Trabajo con varias hojas.
- Ancho de columnas.
- Combinación de celdas.

Realiza la siguiente actividad teniendo en cuenta las siguientes consideraciones:

1. El libro de trabajo constará de dos hojas: la hoja "TABLAS" que recoge los precios de los cursos y los descuentos que se hacen a los socios, y la hoja "Cursos" en donde se refleja el importe a pagar por cada persona.
2. Los datos que se introduzcan en la hoja "TABLAS" son manuales.
3. En la hoja "CURSOS" habrá que calcular el Precio del Curso. Este precio depende de dos factores:
4. El tipo de curso que se haga: Iniciación, Aprendizaje o Avanzado.
5. El descuento que se aplica, de tal forma que a los Socios se les hace un descuento sobre el precio del curso. Este descuento varía en función de la edad.
6. En las filas 19, 20 y 21 se establecerá el importe total que se ha cobrado por cada uno de los tipos de cursos que se ofrecen.

Hoja "TABLAS":

	A	B	C	D	E	F	
1							
2		PRECIO DE LOS CURSOS			DESCUENTO SOCIOS		
3		INICIACIÓN	60,10 €		HASTA 18 AÑOS	3,01 €	
4		APRENDIZAJE	90,15 €		HASTA 35 AÑOS	1,50 €	
5		AVANZADO	120,20 €		HASTA 65 AÑOS	6,01 €	
6					MAYORES DE 65 AÑOS	12,02 €	

Hoja "CURSOS":

	A	B	C	D	E	F
1						
2		PISCINA				
3						
4						
5		NOMBRE	TIPO DE CURSO	FECHA DE NACIMIENTO	SOCIO	PRECIO DEL CURSO
6						
7		JUAN	INICIACIÓN	14/10/1979	SÍ	54,09 €
8		MARÍA	APRENDIZAJE	26/07/1946	NO	90,15 €
9		ANA	APRENDIZAJE	10/08/2007	SÍ	87,14 €
10		PEDRO	INICIACIÓN	01/05/1972	SÍ	54,09 €
11		SONIA	AVANZADO	04/08/2002	NO	120,20 €
12		SARA	AVANZADO	04/09/1977	NO	120,20 €
13		BELÉN	APRENDIZAJE	01/08/1942	SÍ	78,13 €
14		CARMEN	INICIACIÓN	07/05/1992	NO	60,10 €
15						
16						
17						
18		SUMA TOTAL POR CURSO				
19		INICIACIÓN	168,28 €			
20		APRENDIZAJE	255,42 €			
21		AVANZADO	240,40 €			

NOTA: EL PRECIO DEL CURSO ESTÁ CALCULADO A FECHA 31 DE OCTUBRE DE 2020

ACTIVIDAD 9.9

Realiza un nuevo libro de Microsoft Excel al que llamarás Agencia de Viajes.

Aspectos a trabajar:

- Formato de celdas: número, alineación, fuente, bordes y relleno.
- Operaciones matemáticas simples: sumas y multiplicaciones.
- Funciones: BUSCARV, SI, Y, SUMAR.SI.
- Ancho de columnas.
- Márgenes.
- Combinación de celdas.

Las consideraciones que debes tener en cuenta para realizar esta actividad son:

1. La hoja "TABLAS" contendrá los datos necesarios para poder calcular el importe total a pagar por los viajes. Toda la información en ella contenida se escribirá manualmente.
2. En la hoja "VIAJES" se tendrá en cuenta lo siguiente:
   - La columna B y C se escribirán manualmente.
   - El Precio y la Compañía aparecerá automáticamente una vez introducido el Destino.
   - Para calcular los Pluses se tendrá en cuenta la tabla "PLUSES" existente en la hoja "TABLAS". De tal forma que, si se hace un viaje a Estocolmo con Iberia, el plus será del 5,50 %; de la misma forma, si el viaje es a Roma con AVIACO, el plus será del 3,35 %.
   - El Total es la suma del Precio más los Pluses.
   - En la fila 20 se calculará el importe total facturado por cada una de las compañías.
3. Establece como encabezado, en todas las hojas, el nombre de la hoja en la derecha.

Hoja "TABLAS":

	A	B	C	D	E	F	G	H
1								
2		**VIAJES EUROPA**	**PRECIO**	**COMPAÑÍA**		**PLUSES**		
3		ESTOCOLMO	510,86 €	IBERIA		IBERIA	ESTOCOLMO	5,50 %
4		LONDRES	480,81 €	SPANAIR		AVIACO	ROMA	3,35 %
5		PARÍS	601,01 €	AVIACO				
6		ROMA	721,21 €	AVIACO				
7		VIENA	450,76 €	IBERIA				

Hoja "VIAJES":

	A	B	C	D	E	F	G	H
1								
2								
3		**AGENCIA DE VIAJES**						
4								
5								
6								
7		**CLIENTE**	**DESTINO**	**PRECIO**	**COMPAÑÍA**	**PLUSES**	**TOTAL**	
8		LUIS	LONDRES	480,81 €	SPANAIR	0,00 €	480,81 €	
9		JUAN	ESTOCOLMO	510,86 €	IBERIA	28,10 €	538,96 €	
10		MARÍA	PARÍS	601,01 €	AVIACO	0,00 €	601,01 €	
11		SARA	ROMA	721,21 €	AVIACO	24,16 €	745,37 €	
12		MANUEL	PARÍS	601,01 €	AVIACO	0,00 €	601,01 €	
13		ENRIQUE	VIENA	450,76 €	IBERIA	0,00 €	450,76 €	
14								
15								
16								
17								
18								
19		**COMPAÑÍAS**	**IBERIA**	**SPANAIR**	**AVIACO**			
20		**TOTAL**	989,72 €	480,81 €	1.947,39 €			

10. Inserción de gráficos para representar la información contenida en las hojas de cálculo

Introducción

Un gráfico es una representación de los datos de nuestra hoja de cálculo. Son muy útiles ya que facilitan la interpretación de los datos por aquello de que una imagen vale más que mil palabras, o más que mil datos en este caso.

Contenido

10.1. Tipos y elementos de un gráfico

10.1.1. Tipos

Excel nos ofrece una gran variedad de tipos de gráficos para representar los datos de nuestra hoja de cálculo. Hay datos que, por su naturaleza, se adaptan especialmente bien a un tipo de gráfico determinado: por ejemplo, es diferente la forma de representar la evolución de los ingresos y gastos a lo largo de los meses del año que la distribución de las fuentes de ingresos de una empresa.

Los tipos de gráficos más importantes son los siguientes:

- El **gráfico de líneas** representa los datos de la hoja como puntos en unos ejes de coordenadas y traza líneas entre los puntos dibujados de una misma serie (fila o columna). Este tipo de gráfico es interesante para mostrar la *evolución* de datos o conjuntos de datos.

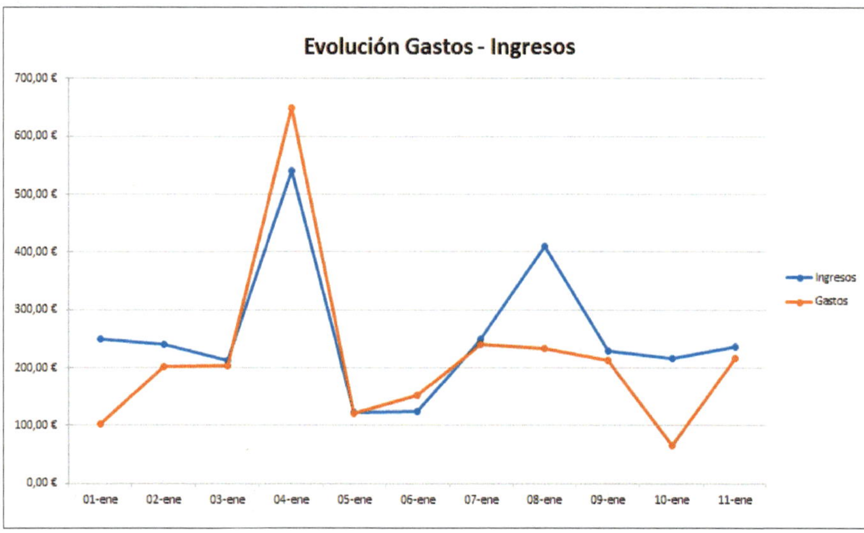

- El **gráfico de columnas** representa los datos de la hoja como *columnas*, es decir, rectángulos cuya altura es proporcional al valor de cada dato. Las columnas se representan en unos ejes de coordenadas cuyo eje horizontal indica los "títulos" de las columnas y cuyo eje vertical indica sus valores. Es posible representar diversas series, en cuyo caso la aplicación representará varias columnas por título, de diversos colores o tonalidades, uno por serie. También es posible, cuando hay varias columnas, proporcionar a nuestro gráfico una apariencia tridimensional, como se muestra en la imagen. El gráfico de columnas es particularmente útil para *comparar* los datos de la hoja.

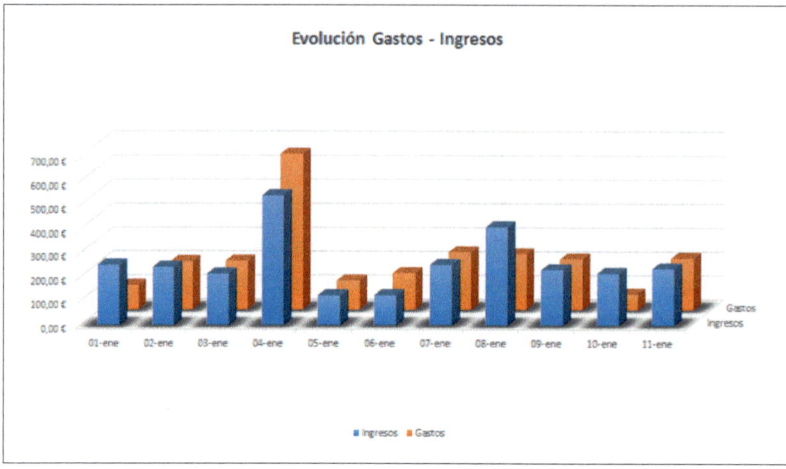

- El **gráfico de barras** es idéntico al anterior, con la diferencia de que los ejes horizontal y vertical aparecen aquí invertidos: el eje vertical es el que contiene los "títulos" de las barras y el horizontal representa sus valores. Los datos se representan en "barras" horizontales, cuya base es proporcional a su valor.

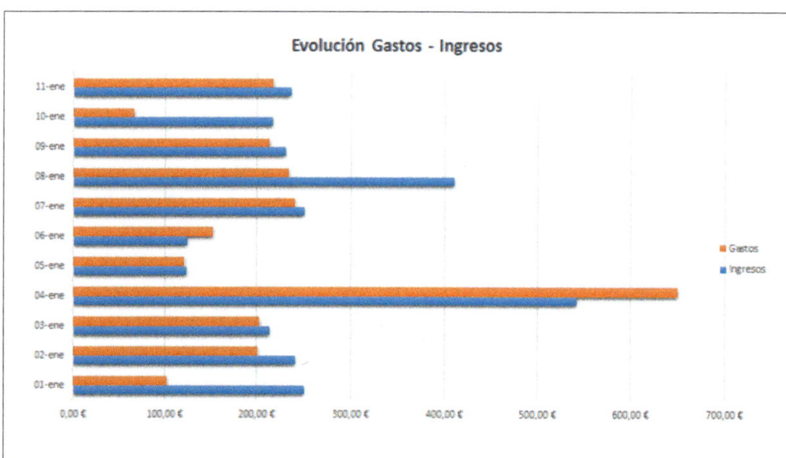

- El **gráfico circular** sirve ante todo para representar una distribución, las proporciones que forman un total. Si el total se representa en los 360 grados del círculo, cada uno de los datos ocupará un sector circular proporcional a su contribución a dicho total. En la imagen se representa, a título de ejemplo, la distribución de la cuota de audiencia en mayo de 2020; este gráfico muestra de modo muy claro cuáles son las diferentes cadenas de televisión y su cuota de audiencia.

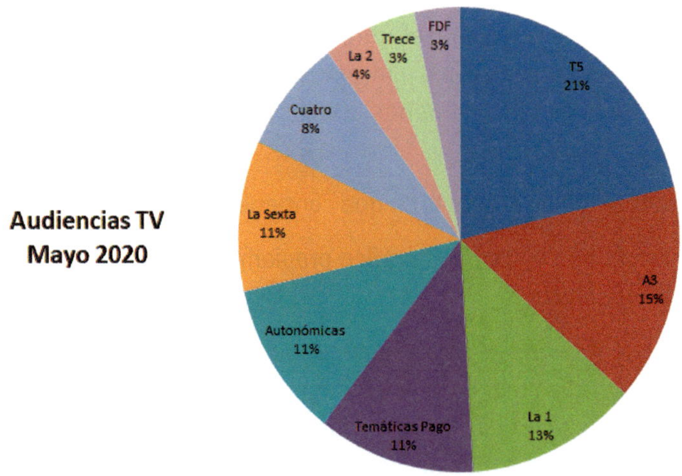

- El **gráfico de áreas** conjuga la representación de las proporciones con la de la evolución de los datos. Cada serie se representa como un área en unos ejes coordenados. Las áreas, además, se colocan unas encima de otras, para tener una representación visual de su contribución al total. En la imagen se representa la evolución de la población en las Comunidades Autónomas con más de 1.200.000 habitantes en los últimos cinco años.

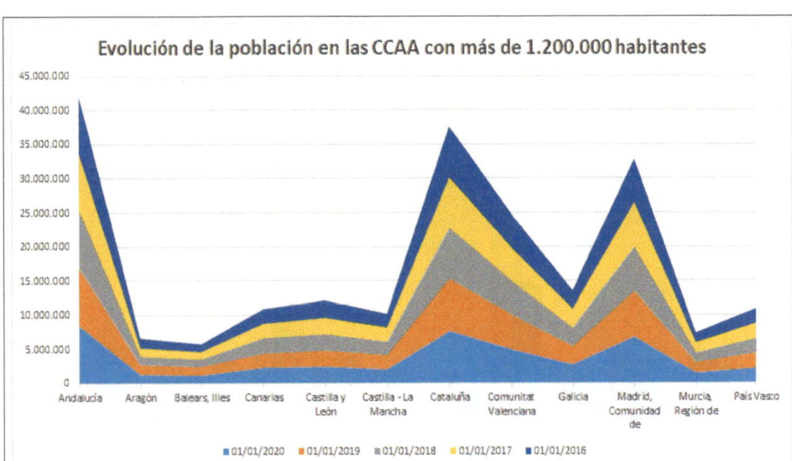

- Otros tipos de gráficos, menos habituales y más especializados, son los de dispersión, superficies, radiales, de burbujas, etc.

10.1.2. Elementos

Los gráficos poseen, en general, diferentes elementos que es preciso distinguir. Para cada uno de ellos, podremos personalizar muchas de sus características: tipos de letra, tamaños, estilos de líneas, colores, escalas de datos, etc.

- El *área del gráfico* es el área total que contiene el gráfico.
- El *área de trazado* la forma el gráfico propiamente dicho, limitada por los ejes de coordenadas.
- Los *ejes* (*eje X* y *eje Y*, o *eje de categorías* y *eje de valores*) sirven para encuadrar el gráfico y mostrar las categorías y las divisiones de la escala de valores. En los gráficos tridimensionales aparece también el *eje Z*, que muestra las diversas series de los datos.
- Las *series de datos* son los valores representados en el gráfico.
- Las *líneas de división* son una ayuda visual para localizar la posición de los valores en el gráfico.
- La *leyenda* sirve para identificar a qué conceptos o categorías corresponden los colores o tonalidades empleados en las representaciones del gráfico (columnas, barras, áreas, sectores circulares, etc.).
- El *título* del gráfico sirve para identificarlo y explicar qué representa.

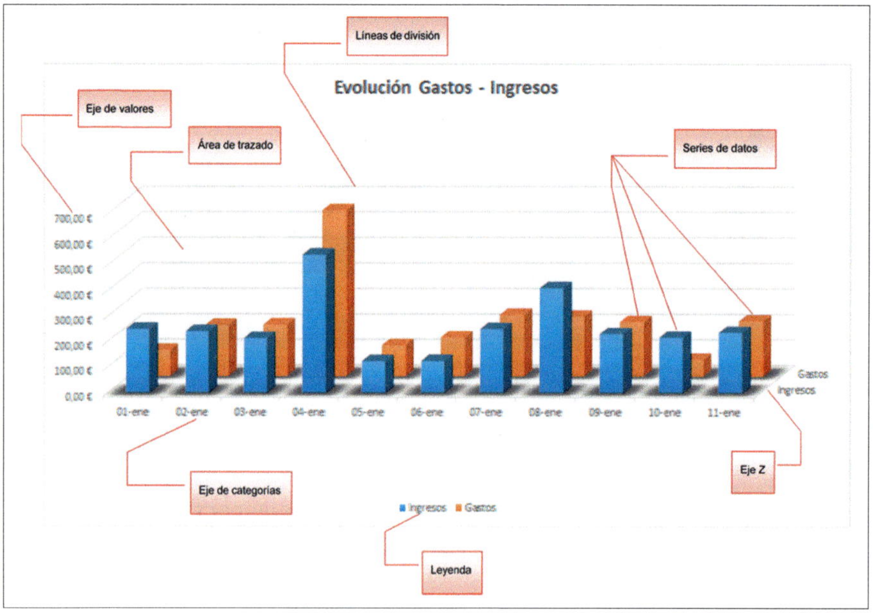

10.2. Creación de un gráfico

La creación de un gráfico es un proceso sencillo que, para llevarlo a cabo, es necesario seguir una serie de pasos:

1. Seleccionar los datos con los que queremos crear el gráfico o, lo que es lo mismo, el rango de celdas.
2. Ir a la ficha *Insertar,* grupo *Gráficos,* y seleccionar el tipo de gráfico que queremos, tal y como se muestra en la siguiente imagen.

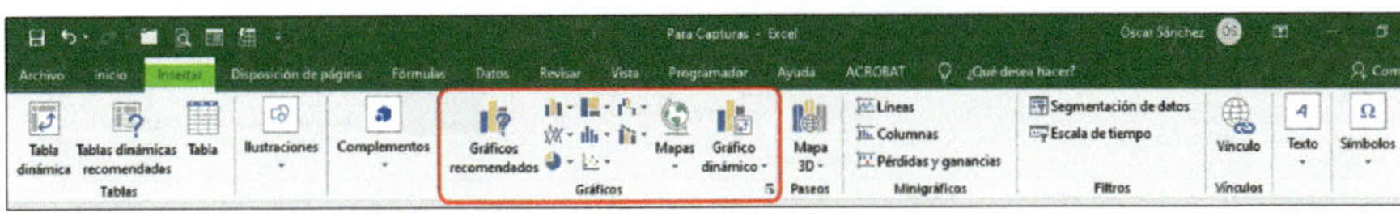

Una vez realizado estos dos pasos, podremos observar cómo el resultado aparece como un objeto en la hoja en la que nos encontremos (aunque es posible modificar su ubicación a través del botón *Mover gráfico* de la ficha *Diseño*). Una vez insertado, podemos imprimir el gráfico o bien copiarlo al portapapeles e insertarlo en una de nuestras hojas de cálculo o en un documento de Word, entre otros posibles destinos.

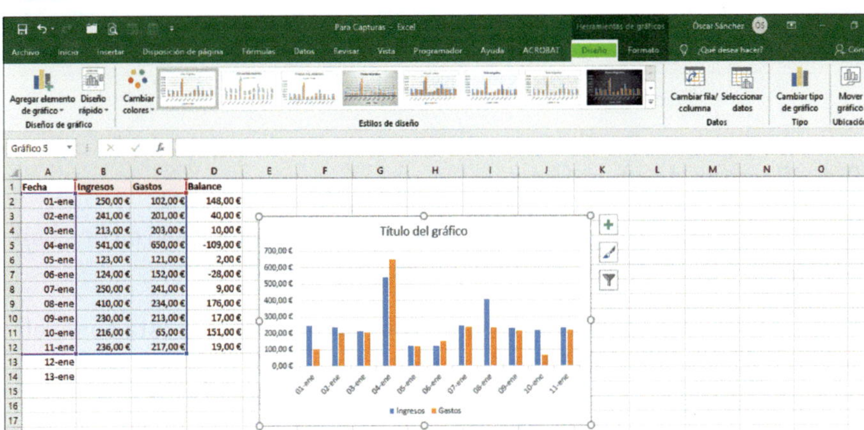

10.3. Modificación de un gráfico

Cuando se ha creado un gráfico, es posible que queramos modificar algunos de sus elementos, como su leyenda, sus colores o los grosores de las líneas que lo forman. Veamos cómo hacerlo.

En Excel, una vez creado el gráfico, aparecerán a la derecha de las fichas existentes dos nuevas fichas con herramientas para la manipulación de los gráficos, las fichas *Diseño* y *Formato.*

- Mediante la ficha *Diseño* podemos escoger el tipo de gráfico, modificar el conjunto de datos a partir de los cuales se ha creado, seleccionar diversos diseños de gráfico y elegir uno de los posibles estilos de gráfico. Los diseños permiten efectuar variaciones en el trazado del gráfico, el área o volumen que ocupan las columnas o barras, la distancia entre las líneas de división, etc. Los estilos son combinaciones de colores y tipografías que permiten modificar rápidamente la apariencia de nuestro gráfico.

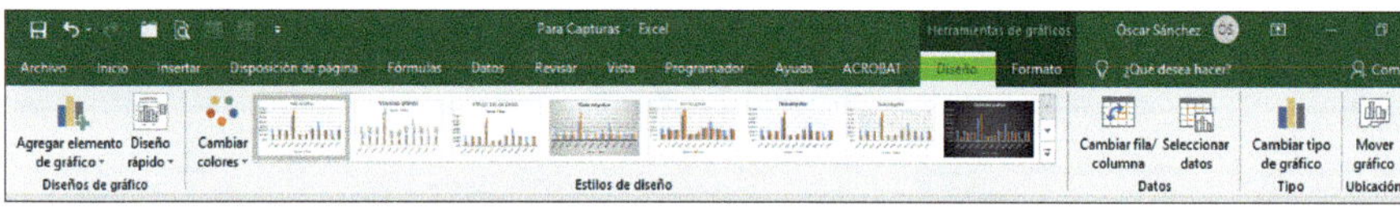

- Con la ficha *Formato* se pueden modificar los contornos y colores de relleno de los elementos, aplicar estilos de WordArt —volveremos sobre esta cuestión en el capítulo dedicado a las presentaciones gráficas— a los títulos, etiquetas, etc., del gráfico, y modificar el tamaño de los elementos que lo componen.

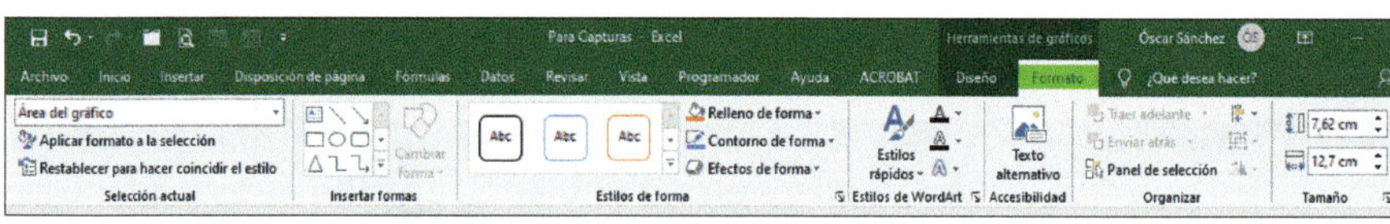

10.4. Borrado de un gráfico

Cuando realizamos un gráfico en Excel, este puede estar ubicado en una hoja nueva o como un objeto dentro de otra hoja.

Para borrar un gráfico ubicado en una hoja independiente, basta como eliminar la hoja, pulsando el botón derecho del ratón en la hoja que deseamos eliminar y pulsar en la opción *Eliminar.*

Si el gráfico está ubicado como un objeto, para eliminarlo basta con seleccionarlo y pulsar la tecla *Supr.*

Ejercicios prácticos

ACTIVIDAD 10.1

En este ejercicio se van a desarrollar las siguientes opciones:

1. Formato de celdas: número, alineación, fuente y bordes.
2. Función SUMA.
3. Ancho de columnas.
4. Márgenes.
5. Orientación.
6. Combinación de celdas.
7. Gráficos.
8. Pie de página.

Realiza la siguiente hoja de cálculo teniendo en cuenta las consideraciones siguientes:

1. La columna I es con fórmula, y es el total de varones y de mujeres.
2. La fila 13 es con fórmula, y es el total de varones y mujeres que saca una nota determinada.
3. Realizar los gráficos que se dan.
4. Establece el ancho de las columnas similar al que te doy, teniendo en cuenta que se tienen que respetar los saltos de página.
5. Si no existe alguno de los tipos de letra que se dan, utiliza el que desees (que no sea Calibri).
6. Numera las páginas en la parte derecha del pie de página con el formato que se ofrece.

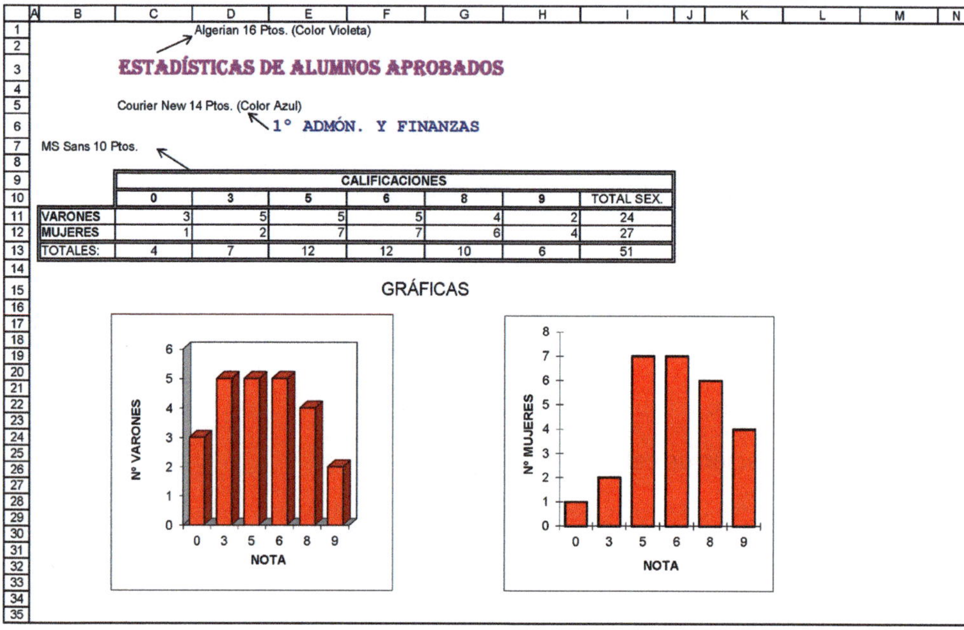

Algerian 16 Ptos. (Color Violeta)

ESTADÍSTICAS DE ALUMNOS APROBADOS

Courier New 14 Ptos. (Color Azul)

1° ADMÓN. Y FINANZAS

MS Sans 10 Ptos.

	CALIFICACIONES						
	0	**3**	**5**	**6**	**8**	**9**	TOTAL SEX.
VARONES	3	5	5	5	4	2	24
MUJERES	1	2	7	7	6	4	27
TOTALES:	4	7	12	12	10	6	51

GRÁFICAS

Pág. 1 de 2

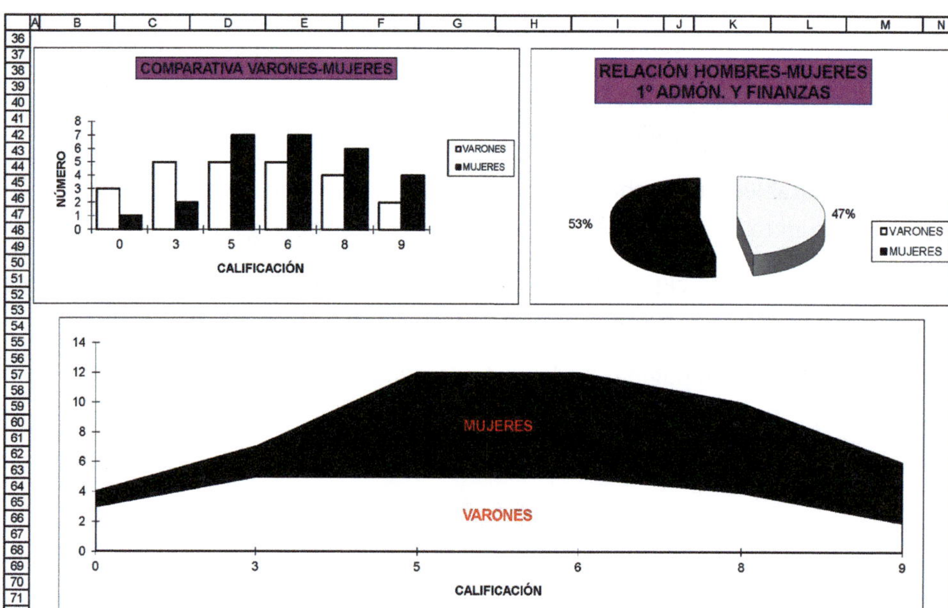

Pág. 2 de 2

ACTIVIDAD 10.2

En este ejercicio se van a desarrollar las siguientes opciones:

1. Formato de celdas: número, alineación, fuente y bordes.
2. Operaciones matemáticas simples: divisiones.
3. Funciones: PROMEDIO, MAX, MIN, CONTAR, CONTARA, CONTAR.SI y CONTAR.BLANCO.
4. Referencias absolutas, relativas o mixtas.
5. Ancho de columnas.
6. Márgenes.
7. Combinación de celdas.
8. Gráficos.

Realiza la siguiente hoja de cálculo teniendo en cuenta las consideraciones siguientes:

1. De B3 a F11 se escriben los datos manualmente.
2. La columna G (MEDIA) es la media aritmética de la nota 1, nota 2 y nota 3.
3. La columna H (MAX) saca el valor máximo de la nota 1, nota 2 y nota 3.
4. La columna I (MIN) saca el valor mínimo de la nota 1, nota 2 y nota 3.
5. Las filas 14, 15, 16, 17 y 18 tienen que salir automáticamente, ya que tienen que CONTAR los valores de la tabla de la parte superior. Es decir, la fila 15 representa los ALUMNOS PRESENTADOS, así que tendrá que ir a la tabla superior en donde están las notas y tendrá que contar cuántos son los alumnos que tienen nota; y así sucesivamente con el TOTAL ALUMNOS, N.º APROBADOS, N.º SUSPENSOS y N.º NO PRESENTADOS.
6. Las filas 19, 20 y 21 salen automáticamente, ya que tienen fórmula. Representan el porcentaje de alumnado aprobado, alumnado suspendido y alumnado no presentado, con respecto al total.
7. Realiza, en una hoja nueva, un gráfico de pirámide parcial con la media de las tres evaluaciones de cada alumno.
8. Establece los rellenos de celda y bordes adecuados para que se parezca lo máximo posible a la muestra.
9. Llama a la hoja "EVALUACIONES".

	ALUMNADO	1ª EVA	2ª EVA	3ª EVA	MEDIA	MAX	MIN
1	Alex Montalvo	7	5	8	7	8	5
2	Dolores Nori	10	5	5	7	10	5
3	Miguel Casas	10	2	6	6	10	2
4	Juan A. Pedrón	10		3	7	10	3
5	Inés Anadón	10	8	8	9	10	8
6	Felipe Fantova	10	2	5	6	10	2
7	Andrea Moreno	10	9	1	7	10	1
8	Zoe Giménez	10	4	7	7	10	4

	1ª EVA	2ª EVA	3ª EVA
ALUM. PRESENTADOS	8	7	8
TOTAL ALUMNADO	8	8	8
Nº APROBADOS	8	4	6
Nº SUSPENDOS	0	3	2
Nº NO PRESENTADOS	0	1	0
% APROBADOS	100,00%	50,00%	75,00%
% SUSPENSOS	0,00%	37,50%	25,00%
% NO PRESENTADOS	0,00%	12,50%	0,00%

EVALUACIONES Gráfico1

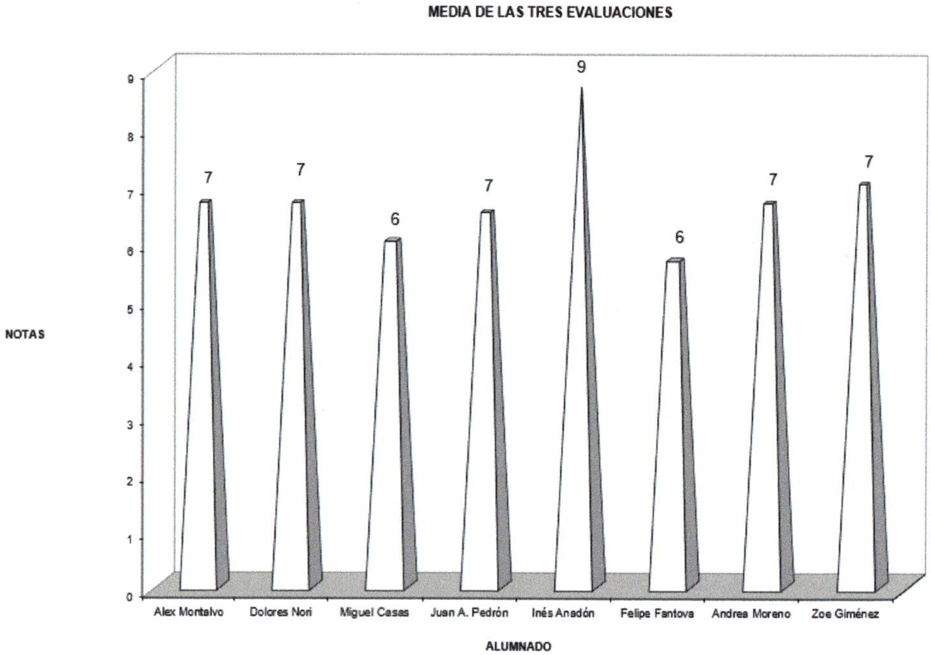

ACTIVIDAD 10.3

En este ejercicio se van a desarrollar las siguientes opciones:

1. Formato de celdas: número, alineación, fuente y bordes.
2. Trabajo con hojas.
3. Operaciones matemáticas simples: sumas, restas, multiplicaciones.
4. Funciones: AÑO, AHORA, BUSCARV, Y, O, SUMA.
5. Ancho de columnas.
6. Márgenes.
7. Combinación de celdas.
8. Gráficos.

Realiza la siguiente hoja de cálculo teniendo en cuenta las consideraciones que se dan en el cuadro siguiente:

1º. Abrir el archivo "EXAMEN EXCEL (ALUMNO)" que está en vuestro de Excel.

2º. Poner nombre a las hojas, siendo:

- Hoja 1: Personal.
- Hoja 2: Sueldos y Pagas.
- Hoja 3: Gráfico.
- Hoja 4: Tablas.

Las Hojas que no sean necesarias elimínalas, y si te hace falta alguna insértala.

3º. En la Hoja Personal la columna "**Antigüedad**" es con fórmula, y es la diferencia entre el AÑO ACTUAL y el Año de la columna "Fecha Contrato". (Utilizar para ello las funciones de ***FECHA Y HORA*** que consideres oportunas).

4º. En la Hoja Sueldos y Pagas tendrás que aplicar las siguientes fórmulas:

1. La columna "**Nombre**" y "**1er Apellido**" aparecerá automáticamente una vez que hayamos introducido el valor de la columna "Código". (Utilizar para ello la función ***BUSCARV***).
2. La columna "**Sueldo Base**" estará en función del Pto. Trabajo. El importe del Salario Base lo tenemos en la Hoja Tablas. (Utilizar para ello la función ***BUSCARV*** anidadas).
3. La columna "**Importe Hora**" estará en función de la Categoría. El importe de la Hora Extra lo tenemos en la Hoja Tablas. (Utilizar para ello la función ***BUSCARV*** anidadas).

4. La columna "**Total Horas Extra**" es la multiplicación del Número de Horas por el Importe Hora.
5. La columna "**Euros Antigüedad**" será de 12,02 € siempre y cuando la columna "**Antigüedad**" sea mayor de 5 y la Categoría sea la "A" o la "B", en caso contrario será de 6,01 €. (Utilizar para ello las funciones ***SI***, ***Y***, ***BUSCARV*** y ***O***).
6. La columna "**Total Salario**" es la suma de las columnas "Sueldo Base" más "Total Horas Extra" más "Euros Antigüedad". (Utilizar para ello la función ***SUMA***).

5º. En el encabezado de todas las hojas aparecerá el **Nombre de la Hoja** en la izquierda, y la **Fecha y la Hora** a la derecha. En el pie de página no habrá **Nada**.

6º. Establece los Bordes, Formatos, Combinaciones y Sombreados de Celdas necesarios para que las diferentes hojas de cálculo queden presentables.

7º. Realiza el gráfico comparativo de lo que cobran los trabajadores por Sueldo Base y Total Salario, apareciendo en el eje de abscisas la Tabla de Datos. El **Sueldo Base** aparecerá con un gráfico de **columnas**, y el **Total Salario** aparecerá con un gráfico de **líneas**. Realízalo en la hoja correspondiente.

ACTIVIDAD 10.4

Realiza un nuevo libro de Microsoft Excel al que llamarás **Tributos Locales**.

Los aspectos a trabajar en este libro son:

- Formato de celdas: número, alineación, fuente, bordes y relleno.
- Operaciones matemáticas simples: sumas, restas y divisiones.
- Funciones: SI, BUSCARV y SUMA.
- Trabajo con varias hojas.
- Ancho de columnas.
- Márgenes.
- Orientación.
- Combinación de celdas.
- Gráficos.

Vamos ahora a diseñar un libro de trabajo que nos calcule los tributos locales que tienen que pagar los sujetos pasivos, en función del valor de su vivienda. A estos valores les hemos adjudicado un tipo, para realizar más fácilmente los cálculos.

En la primera hoja del libro, que llamaremos "TABLA", especificaremos los tipos de viviendas, junto con su valor, y el importe que se paga por los distintos conceptos, tal y como se muestra a continuación.

Hoja "TABLA":

	A	B	C	D	E	F
1						
2		**Tributos Locales**				
3						
4		**TIPO**	**VALOR**	**AGUA**	**ECOCIUDAD**	**IBI**
5		A	30.937,09 €	77,34 €	61,87 €	154,69 €
6		B	37.124,51 €	92,82 €	74,25 €	185,62 €
7		C	49.499,35 €	123,75 €	99,00 €	247,49 €
8		D	61.874,21 €	154,69 €	123,75 €	309,36 €
9		E	74.249,04 €	185,62 €	148,50 €	371,24 €

A partir de esta información inicial, en una hoja que llamaremos "TRIBUTOS", hemos de realizar los siguientes cálculos, utilizando funciones para la toma de decisiones:

1. Los datos que aparecen hasta la columna F se escriben manualmente.
2. Columna G (**AGUA**). Calcularemos el importe en función del tipo de vivienda, por ejemplo, "si es de tipo A, pagaremos 77,34 €; si es de tipo B, 92,82 €; y así sucesivamente".
3. Columna H (**ECOCIUDAD**). Realizaremos la misma operación anterior, pero con los importes de este tributo.
4. Columna I (**IBI**). Lo mismo que en los dos casos anteriores, pero con los importes del Impuesto sobre Bienes Inmuebles (IBI).
5. Columna J (**TOTAL TRIBUTOS**). Realizaremos la suma de las tres anteriores.
6. Columna K (**DÍAS DE PLAZO**). Si la fecha de pago es anterior a la fecha del plazo máximo, nos pondrá un cero, y si no, calculará los días que exceden de esta fecha.
7. Columna L (**INTERÉS**). Queremos que, si los días de plazo son iguales a cero, que no pague intereses (cero), y si no, que pague un 25 % del total de tasas.
8. Columna M (**TOTAL PAGOS**). Queremos calcular la suma del total de tasas más el interés.

El resultado final debería quedar como el que se muestra en la siguiente imagen, teniendo en cuenta que se ha establecido como plazo máximo el 30/06/2021.

PLAZO MÁXIMO **30/06/2021**

SUJETO PASIVO	DOMICILIO	CP	TIPO VALOR	FECHA PAGO	AGUA	ECOCIUDAD	IBI	TOTAL TRIBUTOS	DÍAS PLAZO	INTERÉS	TOTAL PAGOS
O. ROMERO	TOMÁS OSTÁRIZ, 13	50016	C	02/06/21	123,75 €	99,00 €	247,49 €	470,23 €	0	0,00 €	**470,23 €**
A. VISIEDO	TENOR FLETA, 89	50007	B	17/07/21	92,82 €	74,25 €	185,62 €	352,69 €	17	88,17 €	**440,86 €**
R. GONZÁLEZ	PZA. ROMA, 3	50010	A	18/08/21	77,34 €	61,87 €	154,69 €	293,90 €	49	73,48 €	**367,38 €**
N. YUSTE	COSO, 125	50001	D	20/06/21	154,69 €	123,75 €	309,36 €	587,80 €	0	0,00 €	**587,80 €**
T. GARCÍA	SAUCE, 58	50016	A	12/06/21	77,34 €	61,87 €	154,69 €	293,90 €	0	0,00 €	**293,90 €**
L. ESTELLA	LAUSANA, 15	50007	D	24/07/21	154,69 €	123,75 €	309,36 €	587,80 €	24	146,95 €	**734,75 €**
M. CASTILLO	ESCOSURA, 22	50010	E	26/07/21	185,62 €	148,50 €	371,24 €	705,35 €	26	176,34 €	**881,69 €**

TABLA | TRIBUTOS | GRÁFICO

Realiza, en una hoja aparte, un gráfico apilado donde se muestre lo que paga cada uno de los contribuyentes por los respectivos impuestos.

Hoja "GRÁFICO":

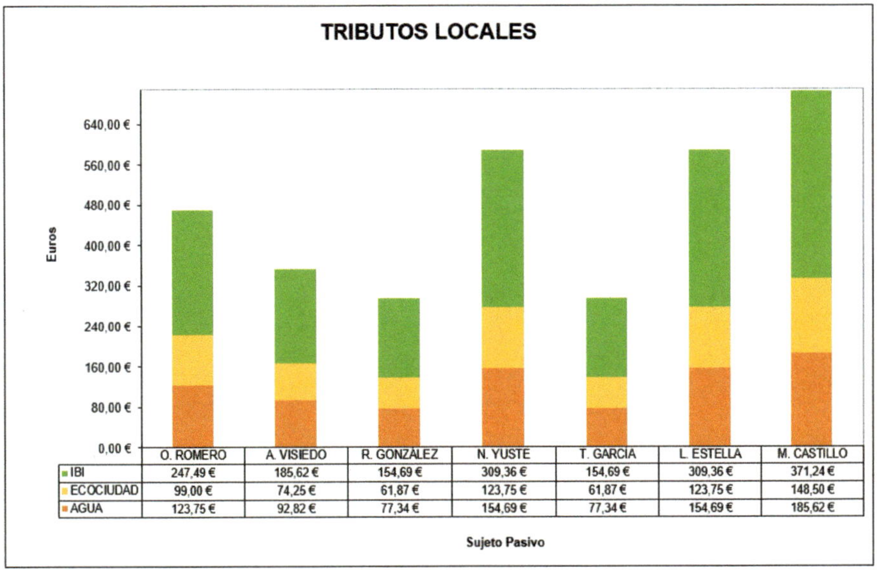

11. Inserción de otros elementos de una hoja de cálculo

Introducción

En una hoja de cálculo es posible introducir diversos elementos, como son las imágenes, autoformas, WordArt, etc., de modo similar a como hemos hecho en los procesadores de textos. Estos elementos pueden manipularse de diversos modos para cambiar su tamaño, su posición o ángulo de rotación.

Todo esto es lo que aprenderemos en este apartado.

Contenido

11.1. Imágenes

Imaginemos que debemos preparar un documento contable para una empresa o institución. Será preciso, probablemente, introducir el logotipo o logotipos de la empresa para ello. Existen diversos casos como este en el que la inclusión de imágenes en la hoja de cálculo resulta sumamente útil.

Al igual que en las aplicaciones de procesamiento de textos, en una hoja de cálculo podemos incluir imágenes desde archivo o desde las *Imágenes en línea.* El tratamiento de las imágenes es casi idéntico al que hemos visto en la unidad formativa de Word, con lo que aquí lo veremos de una manera resumida; conviene repasar, por ello, los conceptos y procedimientos que hemos explicado en el procesador de textos.

En Excel, insertaremos una imagen desde el icono *Imágenes,* situado en la ficha *Insertar,* pudiendo añadir imágenes que se encuentran en un dispositivo (disco duro, *pendrive*...) o en internet.

Al seleccionar la opción *Este dispositivo...* se nos abrirá un cuadro de diálogo para seleccionar el archivo con la imagen que deseamos insertar, y esta se introducirá en la hoja de cálculo.

Una vez insertada, a la derecha de las fichas existentes, aparecerá la ficha *Formato* como parte de las *Herramientas de imagen*. En esa ficha disponemos de botones para ajustar el brillo, contraste, etc. (grupo *Ajustar*), para seleccionar uno de entre diferentes estilos de imagen, encuadrarla en una determinada forma, etc. (grupo *Estilos de imagen*), girarla o controlar su superposición con otras imágenes (grupo *Organizar*) y, por último, modificar su tamaño o recortarla (grupo *Tamaño*).

Por su parte, la opción *Imágenes en línea* activará un cuadro de diálogo para Buscar las imágenes deseadas. En el ejemplo de la imagen, han aparecido imágenes cuya descripción coincide con el término de búsqueda Papá Noel.

11.2. Autoformas

Excel dispone de herramientas que nos permiten realizar nuestros propios gráficos y dibujos. Si no eres muy hábil dibujando con el ratón, no te preocupes, mediante el icono *Formas* dispondrás de multitud de formas listas para usar que te permitirán realizar esquemas, diagramas de flujo y otros muchos gráficos, todos ellos accesibles desde la ficha *Insertar*.

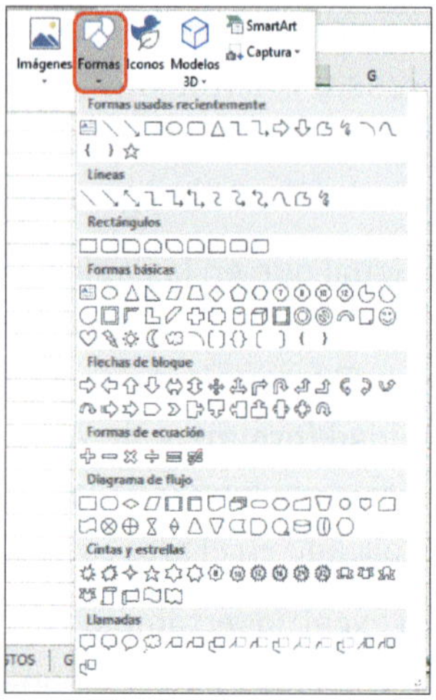

La forma de trabajar con las formas es muy similar al trabajo con imágenes, por lo que todas las explicaciones que se han hecho anteriormente, sirven también para este apartado.

11.3. Texto artístico

Mediante WordArt se pueden crear títulos y rótulos vistosos para nuestros documentos. Solo tenemos que introducir o seleccionar el texto al que queremos aplicarle un estilo de WordArt y automáticamente Excel creará un objeto gráfico WordArt.

Para iniciar WordArt hay hacer clic en el icono de la ficha *Insertar*, grupo *Texto*, apareciéndonos la galería como la que se muestra en la siguiente imagen.

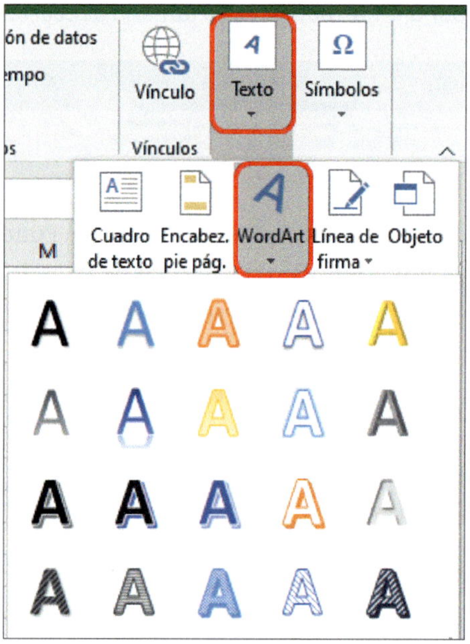

Al seleccionar un elemento de la galería nos aparecerá el objeto en la hoja de cálculo para que introduzcamos el texto.

También podemos elegir la fuente, el tamaño y el estilo del texto.

Una vez realizado el WordArt, desde la ficha *Formato,* tenemos una serie de opciones que son específicas del mismo:

- **Estilos de WordArt**. Aunque hayamos seleccionado un estilo cuando hemos agregado el objeto, desde esta opción podemos cambiarlo.
- **Estilos de forma**. Para dar forma al rótulo ajustándose a una de las formas disponibles, tal y como se muestra en la siguiente imagen.
- **Dirección del texto**. Podemos colocar el texto en horizontal o en vertical.
- **Alinear texto**. Nos permite seleccionar el tipo de alineación del texto.

11.4. Otros elementos

11.4.1. Cuadros de texto

Los cuadros de texto permiten la inserción de texto, metido dentro de un cuadro, en cualquier punto de la hoja de cálculo. Se insertan desde la ficha *Insertar,* grupo *Texto.*

Al seleccionar la opción *Cuadro de texto*, el puntero del ratón se transforma en una cruz para que dibujemos el tamaño del cuadro. Una vez que hemos realizado esta acción, nos aparecerá en la hoja un cuadro para poder escribir el texto deseado.

11.4.2. SmartArt

Un gráfico SmartArt no es más que una representación visual de información, pudiéndose crear de forma rápida y fácil eligiendo entre los diferentes diseños. El objeto de estos gráficos es comunicar mensajes o ideas eficazmente.

Los tipos de gráficos SmartArt que se pueden insertar son muchos y variados, tal y como puedes comprobar en la siguiente imagen.

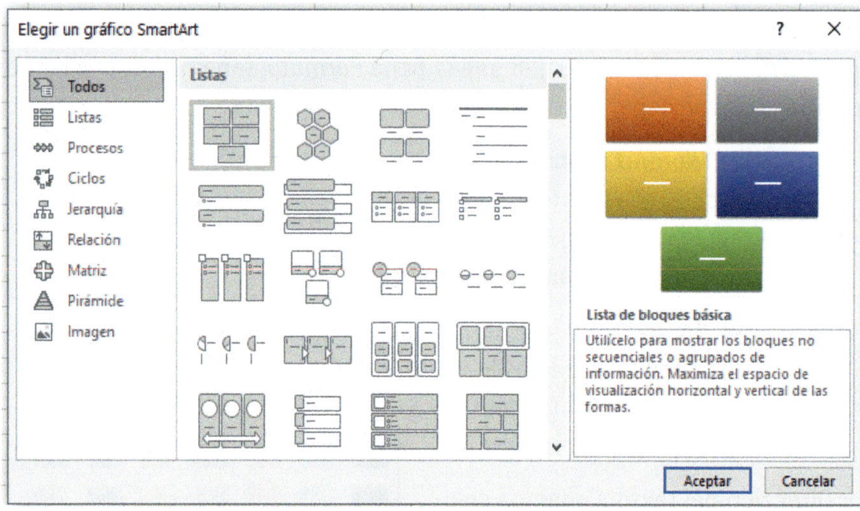

Hay que tener en cuenta que, en función de lo que se quiera representar, es necesario seleccionar un gráfico u otro, no sirviendo todos los gráficos "para todo". De todas formas, al seleccionar uno, en la parte derecha muestra información de para qué se puede utilizar. A modo de ejemplo, a continuación puedes ver unos pocos.

Tipo de Gráfico SmartArt	¿Para qué se utiliza?
 Flujo alternativo	Para mostrar grupos de información o pasos secuenciales en una tarea, un proceso o un flujo de trabajo. Enfatiza la interacción o las relaciones entre los grupos de información.
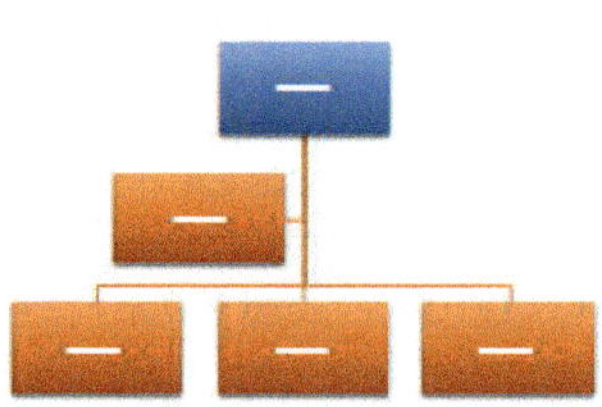 Organigrama	Para mostrar la información jerárquica o para informar de las relaciones en una organización.

 Imágenes con títulos	Para mostrar una serie de imágenes. El título y la descripción aparecen en una forma de llamada debajo de cada imagen.

Ejercicios prácticos

ACTIVIDAD 11.1

En este ejercicio se van a desarrollar las siguientes opciones:

1. Formato de celdas: número, alineación, fuente, bordes y relleno.
2. Operaciones matemáticas simples: sumas, restas y multiplicaciones.
3. Función: SUMA.
4. Ancho de columnas.
5. Márgenes.
6. Combinación de celdas.
7. Orientación.
8. Inserción de ilustraciones.

Realiza la siguiente hoja de cálculo teniendo en cuenta las consideraciones siguientes:

1. El nombre del hotel deberá tener un tamaño de letra de 16 puntos. Todas las palabras que están en negrita, como encabezado de celda o columna, tendrán un tamaño de 10 puntos. Para todas las demás, el tamaño será de 8 puntos.
2. La imagen situada a la izquierda tendrá un tamaño de 1,5 cm de alto y 2 cm de ancho. Insértala desde la opción de Iconos, disponible en el grupo Ilustraciones.

3. La imagen situada a la derecha tendrá un tamaño de 1 cm de alto y 3 cm de ancho. Insértala desde la opción de Iconos, disponible en el grupo Ilustraciones.
4. Establece un ancho de columnas como se muestra, teniendo en cuenta que se tiene que imprimir en una sola página.
5. Las celdas que contienen una fórmula son las siguientes:
    - H20 y H25: es la diferencia entre la suma de los cargos menos la suma de los abonos en cada uno de los días.
    - G26: es el resultado de aplicar el porcentaje de descuento (D26) a la suma de las dos celdas anteriores (H20 y H25).
    - H28: es el resultado de restar el descuento a las sumas parciales.
    - H29: es la multiplicación del porcentaje de IVA (D29) al subtotal.
    - H31: es la suma del subtotal más el IVA.
6. Llama a la hoja "FACTURA".

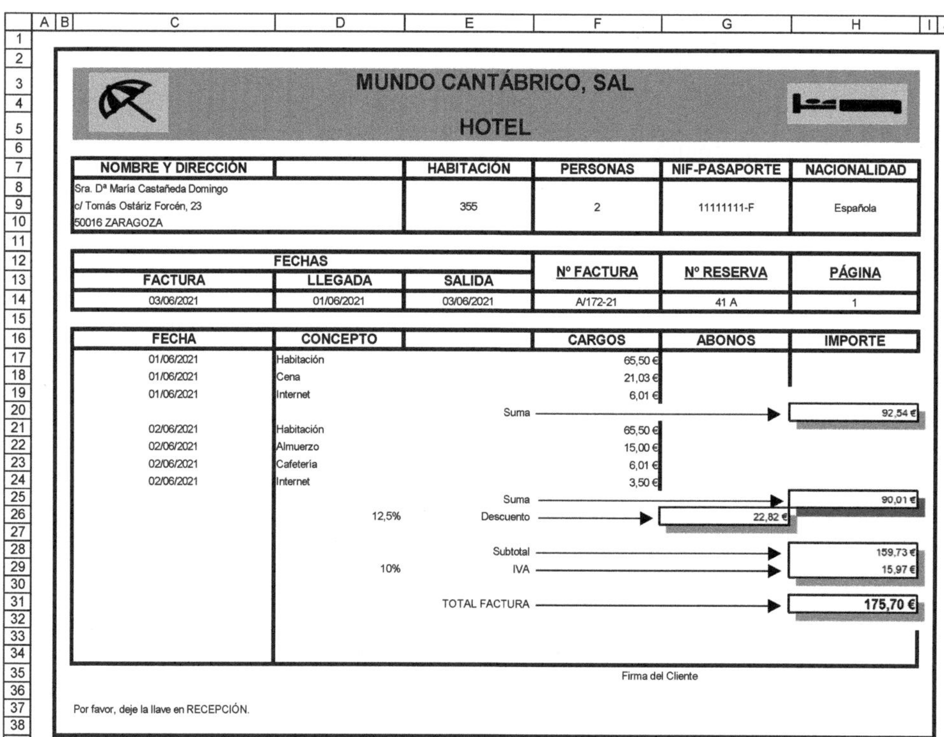

ACTIVIDAD 11.2

En este ejercicio se van a desarrollar las siguientes opciones relacionadas con las ilustraciones de Excel:

1. Imágenes.
2. Formas.
3. WordArt.
4. SmartArt.

En una hoja de cálculo inserta las diferentes ilustraciones que puedes ver en la siguiente imagen.

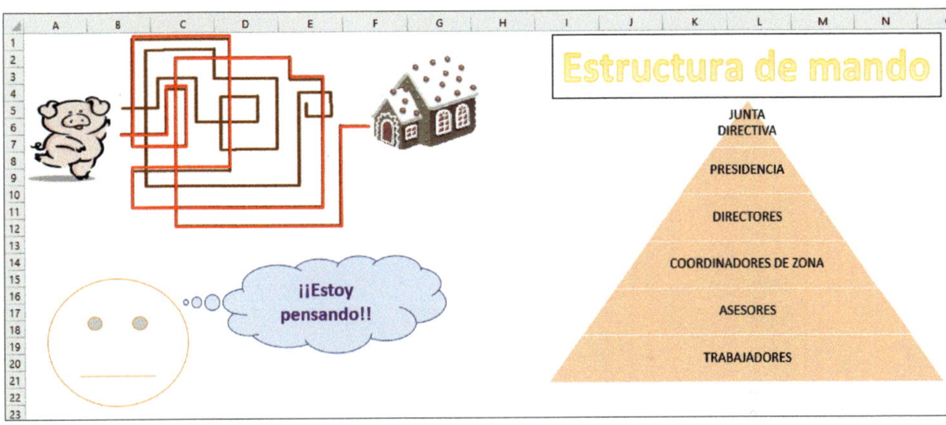

12. Impresión

Introducción

En un procesador de texto, imprimir un documento es una tarea relativamente trivial: las páginas que componen el documento son enviadas una a una al dispositivo de impresión, que las convertirá en papel o, en ocasiones, las transformará en una imagen o en un fichero PDF.

Sin embargo, en las hojas de cálculo el paso al papel no es tan sencillo: basta comprobar la anchura y la altura de las hojas del libro de cálculo, que no cabrían enteras en ningún papel comercial existente en el mercado. Por ello, la impresión de una hoja de cálculo en la que la información ocupe un área de cierto tamaño requiere dividirla en varias páginas para poderla imprimir. Además de ello, es posible insertar en las páginas elementos adicionales, tales como encabezados y pies de página.

Contenido

12.1. Zonas de impresión

12.2. Especificaciones de impresión

12.3. Configuración de página

- Márgenes
- Orientación
- Encabezados y pies y numeración de página

12.4. Vista preliminar

- Formas de impresión
- Configuración de impresora

12.1. Zonas de impresión

Por defecto Excel define el área de impresión como la hoja actual completa. Sin embargo, la hoja puede contener partes vacías que no deseamos imprimir; por ello, Excel permite imprimir solamente determinados rangos seleccionados de una hoja de forma que no se impriman las celdas vacías o los datos que no nos interesan.

Para definir el área de impresión, primero seleccionaremos el rango de celdas que queramos imprimir. Con las celdas seleccionadas seleccionaremos la opción *Área de impresión* de la ficha *Diseño de página,* grupo *Configurar página* y nos aparecerán dos opciones, eligiendo *Establecer área de impresión*. Cuando ordenemos al programa que imprima siempre imprimirá el área de impresión que esté definida. Para borrar el área de impresión seleccionamos la opción *Borrar área de impresión*, que está ubicada en la misma ficha que hemos indicado anteriormente.

Si deseamos elegir un rango de celdas no contiguas, primero seleccionaremos un rango y a continuación, con la tecla *Ctrl* pulsada, seleccionaremos con el ratón el rango de celdas que deseemos.

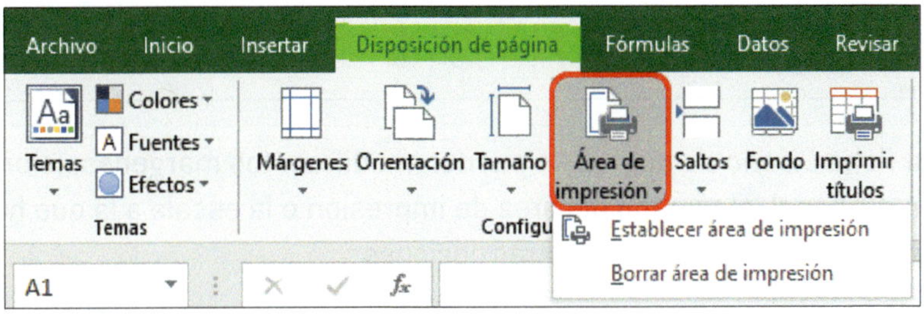

12.2. Especificaciones de impresión

En Excel, mediante la ficha *Archivo,* la opción *Imprimir* y nuevamente *Imprimir,* o bien mediante la combinación de teclas *Ctrl + P,* se abrirá el cuadro de diálogo *Imprimir*. Mediante dicho cuadro de diálogo se puede seleccionar la impresora a la que enviaremos el trabajo, el número de copias, el intervalo de hojas que se desea imprimir y ciertas propiedades de la impresora, como la calidad de la impresión o el tipo de color.

12.3. Configuración de página

Puede que queramos proporcionar al documento una configuración más personalizada, modificando los márgenes o añadiendo encabezados o pies.

En Excel existen varias formas de modificar los elementos mencionados:

Mediante la vista *Diseño de página*, a la que accederemos con el icono situado en la esquina inferior derecha de la ventana de Excel, justo al lado del control de zoom. Podemos así visualizar el documento separado por páginas, modificar los márgenes mediante la regla y añadir encabezados o pies.

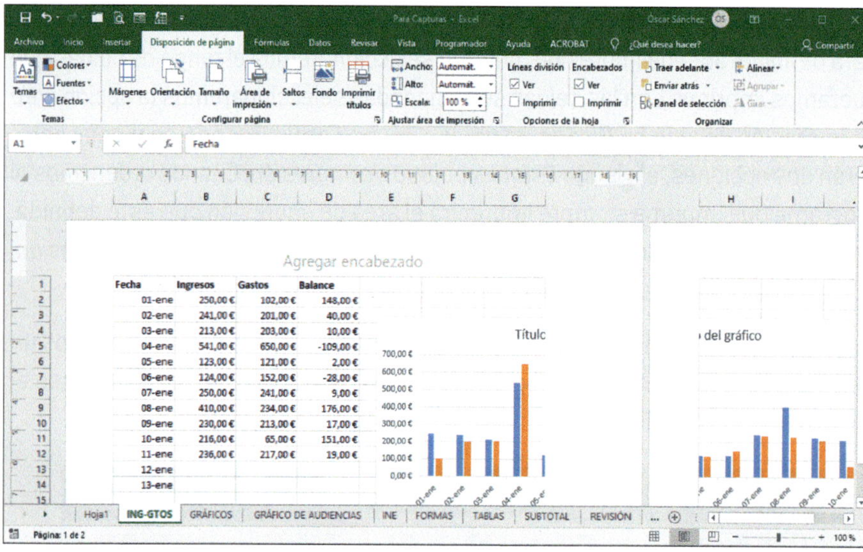

Con la ficha *Diseño de página* se pueden modificar los márgenes, la orientación del papel, el tamaño del área de impresión o la escala a la que ha de imprimirse el documento, entre otras opciones.

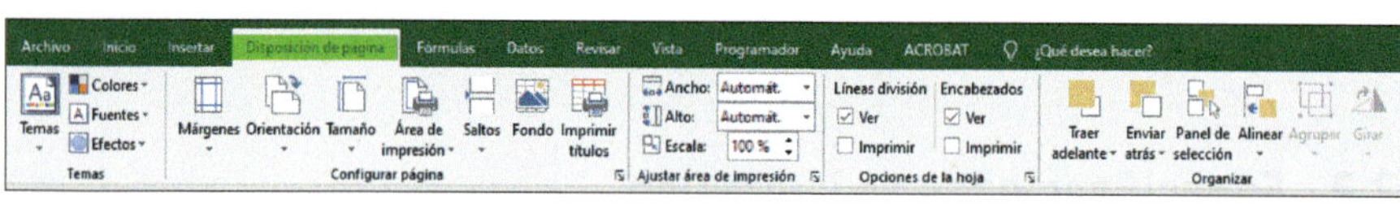

Pulsando en la flechita de la esquina inferior derecha del grupo *Configurar página,* en la ficha mencionada, se abre el cuadro de diálogo *Configurar página*, dividido en cuatro pestañas, desde el que podemos ajustar el tamaño y la orientación del papel, la magnitud de los márgenes y los textos del encabezado y el pie de página.

En la pestaña *Hoja*, además, podemos establecer —entre otras opciones— el orden en el que han de imprimirse las páginas: hacia abajo y luego hacia la derecha o bien hacia la derecha y luego hacia abajo.

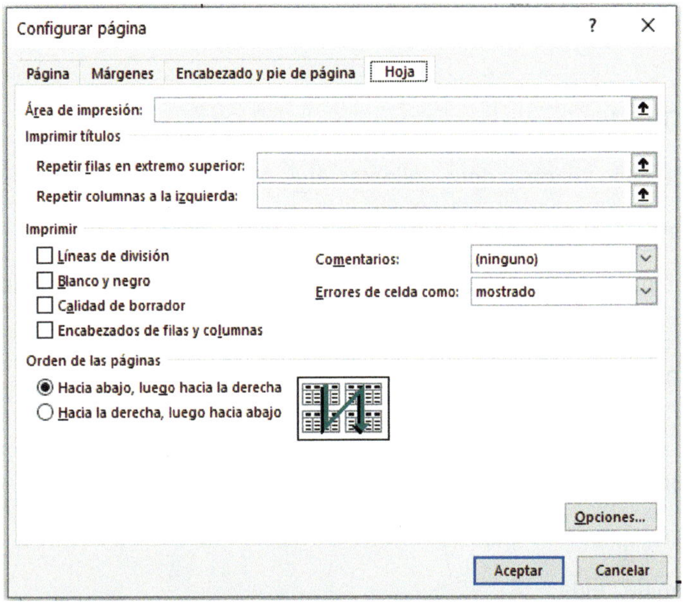

12.4. Vista preliminar

La vista preliminar ya ha sido estudiada en el apartado 1.6.2., por lo que debe acudir allí si desea obtener información sobre esta vista.

Ejercicios prácticos

ACTIVIDAD 12.1

En este ejercicio se van a desarrollar las siguientes opciones:

1. Formato de celdas: número, alineación, fuente, bordes y tramas.
2. Operaciones matemáticas simples: sumas, restas, multiplicaciones y divisiones.
3. Función BUSCARV.
4. Ancho de columnas.
5. Márgenes.
6. Combinación de celdas.
7. Imagen de celda.
8. Área de impresión.
9. Encabezado de página.

Realiza la siguiente hoja de cálculo teniendo en cuenta las consideraciones:

1. La columna Distritos tiene que salir automáticamente, una vez introducido el valor de la columna C. Utilizar para ello la función =BUSCARV().
2. La columna Euros Buzón tiene que salir automáticamente, una vez introducido el valor de la columna C. Utilizar para ello la función =BUSCARV().
3. La columna Total es el resultado de multiplicar la columna B por la columna E.
4. El Total Bruto es la suma de la columna Total.
5. El % de Descuento: E30 manual; F30 es el resultado de aplicar el % de descuento introducido manualmente por el Total Bruto.
6. La Base Imponible IVA es el resultado de restar el Total Bruto menos el Descuento.
7. El IVA %: E34 manual; F34 es el resultado de aplicar el % de IVA introducido manualmente por la Base Imponible IVA.
8. El Total Factura es el resultado de sumar la Base Imponible IVA más el IVA.
9. Crea una Imagen del Total Factura, y colócalo entre las celdas E,F-8,9,10.
10. Establece el ancho de las columnas similar al que te doy.
11. Establece un Área de Impresión para que solo se imprima la Factura.

12. Si no existe alguno de los tipos de letra que se dan, utiliza el que desees (que no sea Calibri).
13. Establece en la parte central del encabezado la expresión: "FACTURA A MIS CLIENTES".

	A	B	C	D	E	F	G
1				Century Gothic 18 ptos. (Color Azul)			
2							
3			**EMISIÓN DE FACTURAS Y PRESUPUESTOS**				
4			MS Sans 10 ptos.				
5							
6		**FRA. Nº:**	34				
7		**FECHA:**	12/12/21				
8		**CLIENTE:**	12.589	***ÓSCAR SÁNCHEZ***			
9				***C/ DEL PEZ, 35***	**102.202,65**		
10				***31006 PAMPLONA***			
11							
12		***Nº BUZONES***	***ZONA***	***DISTRITOS***	***EUROS BUZÓN***	***TOTAL***	
13		50.000	3	SEGUNDO ENSANCHE	1,50	75.000,00	
14		1.000	9	BURLADA	3,00	3.000,00	
15		2.000	1	CASCO VIEJO	2,00	4.000,00	
16		3.000	4	AZPLILAGAÑA	1,50	4.500,00	
17		2.000	4	AZPLILAGAÑA	1,50	3.000,00	
18		100	5	CHANTREA. ZONA 1	1,50	150,00	
19		100	2	ITURRAMA	1,50	150,00	
20		100	4	AZPLILAGAÑA	1,50	150,00	
21		100	9	BURLADA	3,00	300,00	
22		100	10	VILLAVA	3,00	300,00	
23		100	11	SAN JORGE	3,00	300,00	
24		1.000	12	SAN JORGE	3,00	3.000,00	
25							
26							
27				TOTAL BRUTO		93.850,00	
28							
29				% DE DESCUENTO	**10**	9.385,00	
30							
31				BASE IMPONIBLE IVA		84.465,00	
32							
33				IVA %	**21**	17.737,65	
34		Arial 16 ptos. (Color Azul)					
35				**TOTAL FACTURA**		**102.202,65**	
36							
37				**TABLA DISTRITOS**			
38			**ZONA**	**DESCRIPCIÓN**	**PRECIO**		
39			1	CASCO VIEJO	2		
40			2	ITURRAMA	1,5		
41			3	SEGUNDO ENSANCHE	1,5		
42			4	AZPLILAGAÑA	1,5		
43			5	CHANTREA. ZONA 1	1,5		
44			6	CHANTREA. ZONA 2	1,5		
45			7	SAN PEDRO	3		
46			8	ECHAVACOIZ	3		
47			9	BURLADA	3		
48			10	VILLAVA	3		
49			11	SAN JORGE	3		
50							

13. Trabajo con datos

Introducción

Una vez que hemos creado nuestra hoja de cálculo y hemos introducido en ella datos y relaciones entre ellos, hay una serie de operaciones que nos pueden ser de mucha ayuda. Ordenar alfabéticamente rangos de datos, filtrarlos o generar totales, subtotales y comparaciones son algunas de las funciones que trataremos en este apartado.

Contenido

13.1. Creación de tablas o listas de datos

Una tabla en Excel es un conjunto de datos organizados en filas o registros, en la que la primera fila contiene las cabeceras de las columnas (los nombres de los campos), y las demás filas contienen los datos almacenados. Es como una tabla de base de datos, de hecho también se denominan listas de base de datos.

Las tablas son muy útiles porque además de almacenar información, incluyen una serie de operaciones que permiten analizar y administrar esos datos de forma muy cómoda.

Entre las operaciones más interesantes que podemos realizar con las listas tenemos:

- Ordenar la los registros.
- Filtrar el contenido de la tabla por algún criterio.
- Utilizar fórmulas para la lista añadiendo algún tipo de filtrado.
- Crear un resumen de los datos.
- Aplicar formatos a todos los datos.

Las tablas de datos ya se usaban en versiones anteriores de Excel, pero bajo el término **Listas de datos**. Incluso encontrarás, que en algunos cuadros de diálogo, se refiere a las tablas como listas.

Para crear una tabla tenemos que llevar a cabo los siguientes pasos:

1. Seleccionar el rango de celdas (con datos o vacías) que queremos incluir en la lista.
2. Seleccionar la opción *Tabla* de la ficha *Insertar,* grupo *Tablas.*

   Se nos mostrará en la pantalla el cuadro de diálogo que se muestra en la siguiente imagen, en la que, si queremos, podremos modificar las celdas que hayamos seleccionado previamente.

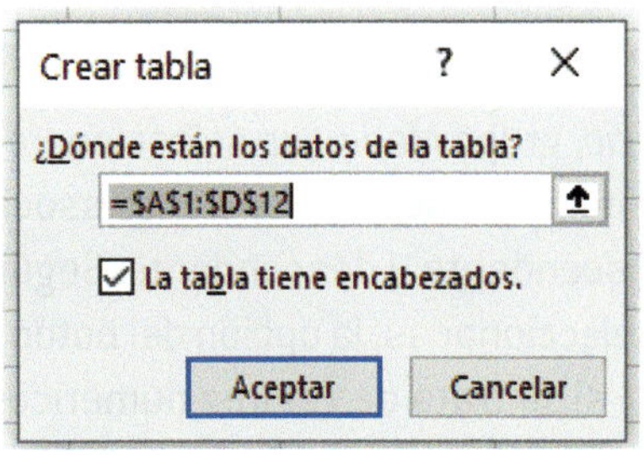

3. Si en el rango seleccionado hemos incluido la fila de cabeceras (recomendado), activaremos la casilla de verificación *La lista tiene encabezados*.
4. Para finalizar, pulsaremos sobre el botón *Aceptar*.

Al cerrarse el cuadro de diálogo, podemos ver que en la cinta de opciones aparece la ficha *Diseño*, con todas las opciones que podemos realizar con la tabla. De la misma forma, en la hoja de cálculo aparece el rango seleccionado con el formato propio de la tabla, tal y como puedes observar en la siguiente imagen.

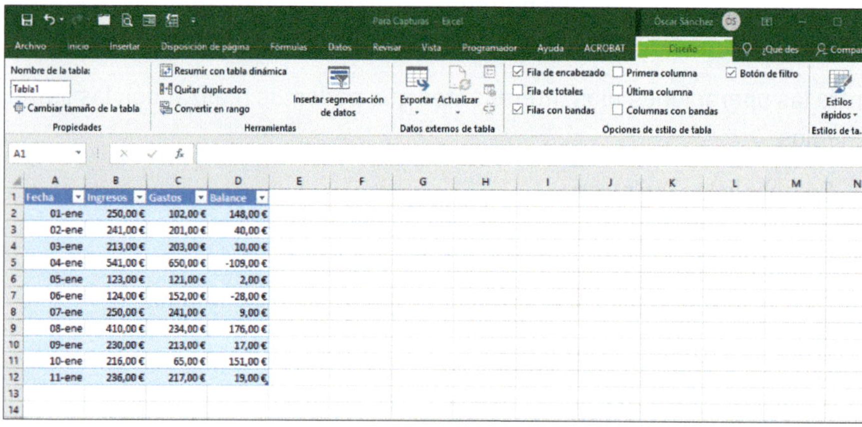

13.2. Ordenación lista de datos, por uno o varios campos

En una hoja de cálculo, la ordenación de datos es una herramienta poderosa: no solo hace la información más sistemática y fácil de interpretar (por ejemplo, la ordenación de las categorías de datos en orden alfabético contribuirá a encontrar las categorías en la versión impresa de la tabla), sino que permite evaluar y analizar rápidamente los datos y descubrir información que podría pasar desapercibida.

Por ejemplo, al ordenar una lista de clientes según su volumen de facturación podemos descubrir cuáles tienen una mayor importancia relativa; al ordenar las fuentes de ingresos de una empresa según su cuantía se puede ver fácilmente cuáles aportan menos ingresos y son, por tanto, más prescindibles.

En Excel, en la ficha *Inicio*, grupo *Modificar*, seleccionaremos el botón *Ordenar y filtrar*, que nos presentará una serie de opciones asociadas a él. Hay dos ordenaciones posibles, ascendente y descendente. Según el tipo de datos que contengan las celdas seleccionadas, la opción del botón aparecerá expresada de diferentes maneras: si se trata de valores numéricos, las opciones serán *Ordenar de menor a mayor* y *Ordenar de mayor a menor*; si se trata de fechas, las opciones serán *Ordenar de más antiguos a más recientes* y *Ordenar de más recientes a más antiguos*; si se trata de textos, por último, aparecerán las opciones *Ordenar de A a Z* y *Ordenar de Z a A*.

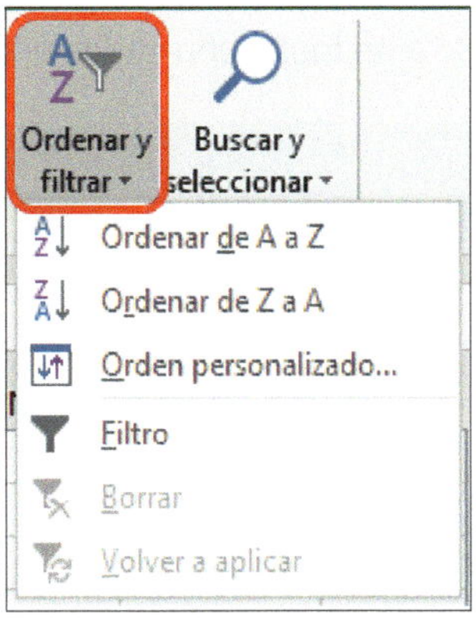

Si seleccionamos *Orden personalizado*, se abrirá un cuadro de diálogo que permite establecer varios niveles de ordenación (mediante los botones *Agregar nivel* y *Eliminar nivel*) y, para cada uno de dichos niveles, seleccionar el *criterio* de la ordenación y el *tipo* de la ordenación. La opción por defecto es ordenar por valores, pero es posible asimismo ordenar según los colores de las celdas o los iconos que estas contengan.

Mediante el botón *Opciones* del cuadro de diálogo podemos especificar si la ordenación debe hacerse por columnas ("De arriba hacia abajo") o por filas ("De izquierda a derecha").

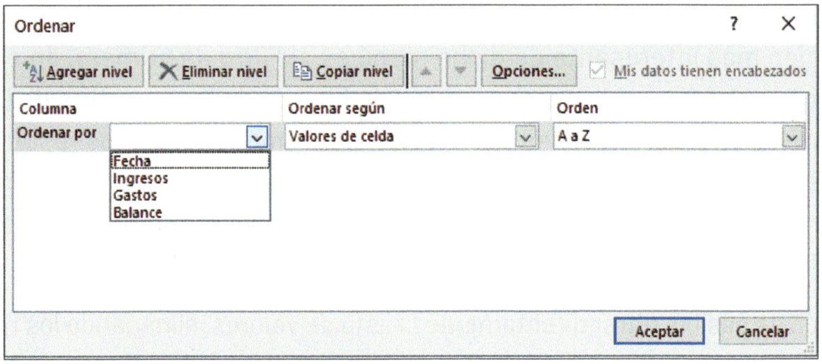

13.3. Uso de filtros

En una hoja de cálculo, un filtro es una herramienta que permite mostrar unos datos y otros no. Los filtros son una herramienta potente que permite especificar de modo preciso diversos criterios de aplicación. En todo caso, Excel dispone de un filtro automático (o "autofiltro") que facilitan la rápida creación de filtros de datos.

La herramienta *Autofiltro* permite mostrar solo determinados registros; el filtro puede aplicarse: por una lista de valores, por formato y siguiendo determinados criterios. En la ficha *Datos,* en el grupo *Ordenar y filtrar,* disponemos del botón *Filtro.* Al pulsarlo se activan en las cabeceras de las columnas unas flechitas que, al pulsarlas, dan acceso a un menú con varias opciones de filtro.

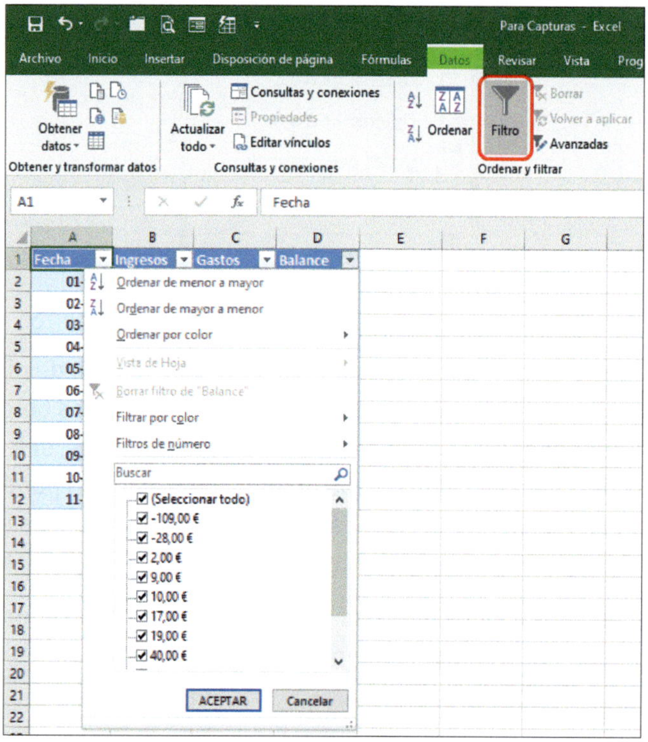

La opción más interesante de dicho menú es el *Filtro de número*, en el que podemos seleccionar diversos criterios de filtrado de los registros de la columna. Hay diversas opciones disponibles, como mostrar solo los resultados que sean mayores (o menores) que un determinado valor, los superiores al valor medio o promedio de los datos de la columna o los "diez mejores", es decir, los registros que tengan los diez valores más elevados.

También es posible filtrar directamente la lista de valores, eliminando los no deseados mediante sus casillas de verificación. Cuando se aplica el filtro, la casilla situada a la derecha de las cabeceras de las columnas nos informará de que los datos están filtrados con un pequeño icono con forma de embudo. En cualquier momento podemos eliminar el filtro volviendo a activar el menú emergente y escogiendo la opción *Borrar filtro de.* Mediante la opción *Filtros de número* y *Filtrar por color*, se pueden especificar criterios complejos, como que los datos sean mayores que un determinado valor y menores que otro, etc.

Junto con las opciones de autofiltro, podemos asimismo filtrar los registros *por selección*. Si seleccionamos una celda o rango de celdas, al pulsar el botón derecho del ratón aparece el correspondiente menú contextual. Mediante la opción *Filtrar*, se puede aplicar un filtro a los registros según el *valor* o el *color* de la celda o celdas seleccionadas.

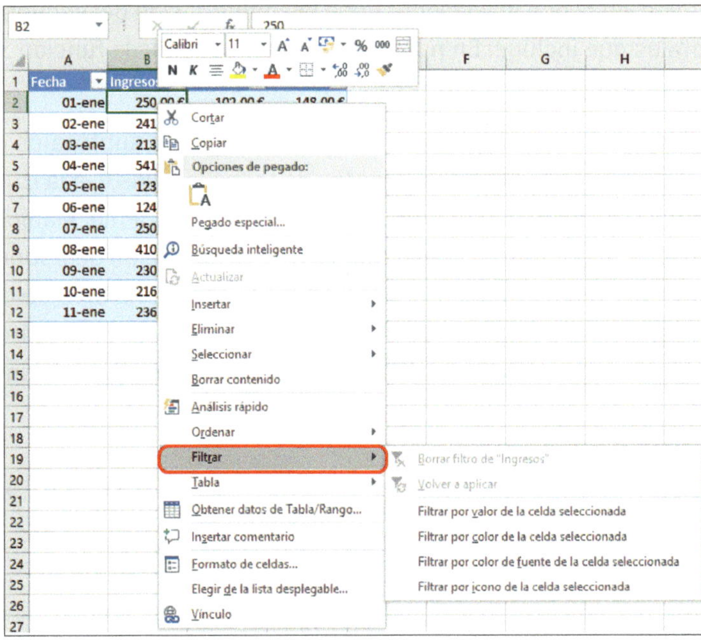

13.4. Esquemas y subtotales

Cuando se trabaja con hojas de datos extensas, el uso de esquemas facilita la compresión y la interpretación de la información. Imaginemos que preparamos una hoja de cálculo para llevar la contabilidad de los movimientos diarios de nuestra cuenta corriente o de la caja de un establecimiento. En la hoja, introduciremos los movimientos relativos a diversas fechas, de forma similar a la que muestra la imagen.

En este ejemplo, es evidente que nos interesará conocer el total de lo que se ha ingresado y gastado cada uno de los días.

	A	B	C	D
1	Fecha	Ingresos	Gastos	Balance
2	01-ene	25,00 €		25,00 €
3	01-ene		12,00 €	13,00 €
4	01-ene	450,00 €		463,00 €
5	01-ene		230,00 €	233,00 €
6	01-ene	210,00 €		443,00 €
7	01-ene	230,00 €		673,00 €
8	01-ene		21,00 €	652,00 €
9	01-ene		500,00 €	152,00 €
10	01-ene	54,00 €		206,00 €
11	02-ene	650,23 €		856,23 €
12	02-ene		25,89 €	830,34 €
13	02-ene		50,01 €	780,33 €
14	02-ene	78,00 €		858,33 €
15	02-ene	250,00 €		1.108,33 €
16	02-ene		23,56 €	1.084,77 €
17	02-ene		54,00 €	1.030,77 €
18	02-ene	98,00 €		1.128,77 €
19	02-ene	74,00 €		1.202,77 €
20	02-ene	69,50 €		1.272,27 €
21	03-ene		261,00 €	1.011,27 €
22	03-ene		250,00 €	761,27 €
23	03-ene	25,00 €		786,27 €
24	03-ene	21,00 €		807,27 €
25	03-ene		45,00 €	762,27 €
26	03-ene		78,00 €	684,27 €

Quizá también queramos poder ocultar la información de los movimientos particulares y visualizar solamente los totales diarios. Para ello se emplea en las hojas de cálculo el concepto de *esquema.*

En Excel crearemos un esquema con subtotales en la ficha *Datos* y el grupo *Esquema,* mediante el botón *Subtotal.* Al pulsarlo se abrirá el cuadro de diálogo *Subtotales*, en el que seleccionaremos la configuración del esquema y de los subtotales que incluye. En nuestro caso, aplicaremos la función *Suma* a las columnas de ingresos y gastos.

El resultado, que se muestra en la imagen, incluye los subtotales deseados, un total general de ingresos y gastos de todos los días y, a la izquierda, una serie de indicaciones respecto a los niveles de esquema. Manipulando los números *1, 2* y *3* (que corresponden a los tres niveles de esquema) o los signos + y – del esquema mostramos y ocultamos niveles de detalle, pudiendo dejar visible solo los subtotales o el total general. Si deseamos borrar el esquema, se puede pulsar en el botón *Desagrupar* y la opción *Borrar esquema*.

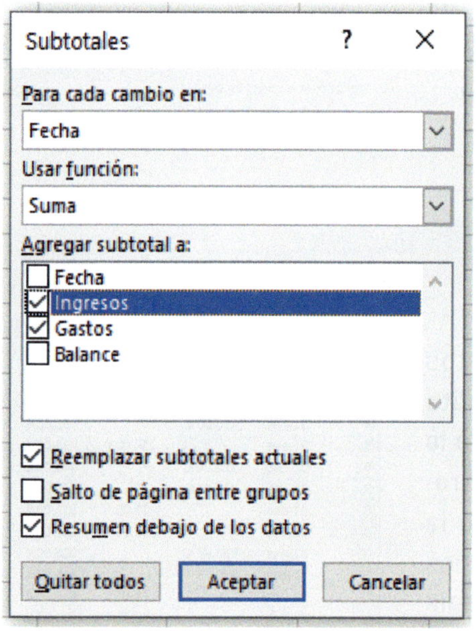

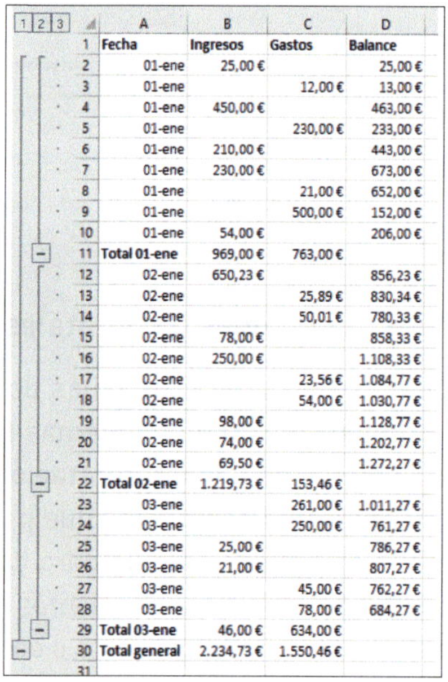

	A	B	C	D
1	Fecha	Ingresos	Gastos	Balance
2	01-ene	25,00 €		25,00 €
3	01-ene		12,00 €	13,00 €
4	01-ene	450,00 €		463,00 €
5	01-ene		230,00 €	233,00 €
6	01-ene	210,00 €		443,00 €
7	01-ene	230,00 €		673,00 €
8	01-ene		21,00 €	652,00 €
9	01-ene		500,00 €	152,00 €
10	01-ene	54,00 €		206,00 €
11	Total 01-ene	969,00 €	763,00 €	
12	02-ene	650,23 €		856,23 €
13	02-ene		25,89 €	830,34 €
14	02-ene		50,01 €	780,33 €
15	02-ene	78,00 €		858,33 €
16	02-ene	250,00 €		1.108,33 €
17	02-ene		23,56 €	1.084,77 €
18	02-ene		54,00 €	1.030,77 €
19	02-ene	98,00 €		1.128,77 €
20	02-ene	74,00 €		1.202,77 €
21	02-ene	69,50 €		1.272,27 €
22	Total 02-ene	1.219,73 €	153,46 €	
23	03-ene		261,00 €	1.011,27 €
24	03-ene		250,00 €	761,27 €
25	03-ene	25,00 €		786,27 €
26	03-ene	21,00 €		807,27 €
27	03-ene		45,00 €	762,27 €
28	03-ene		78,00 €	684,27 €
29	Total 03-ene	46,00 €	634,00 €	
30	Total general	2.234,73 €	1.550,46 €	
31				

Tal y como has podido comprobar, con la opción de Subtotales aparecen automáticamente unos ***Agrupamientos*** de los datos, de tal forma que se puede contraer y expandir la información mostrada.

Para ello disponemos de los botones 1, 2, 3... situados a la izquierda de la numeración de las filas, tal y como puedes ver en la siguiente imagen.

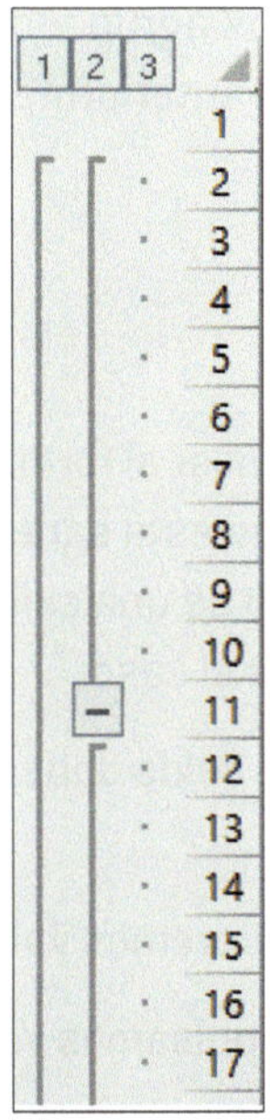

Sin embargo, también es posible realizar esas agrupaciones manualmente, siendo muy interesante esta opción cuando la cantidad de información es muy elevada. Para realizarla, deberemos seguir estos pasos:

1. Seleccionar las filas o columnas que se quieren agrupar, siendo necesario que estén consecutivas.

2. En la ficha *Datos,* dentro del grupo *Esquema,* pinchar en el botón *Agrupar.*

Como podrás comprobar, automáticamente aparecen los niveles de esquema a la izquierda de los números de fila (si se han agrupado filas) o en la parte superior de la numeración de las columnas (si se han agrupado columnas).

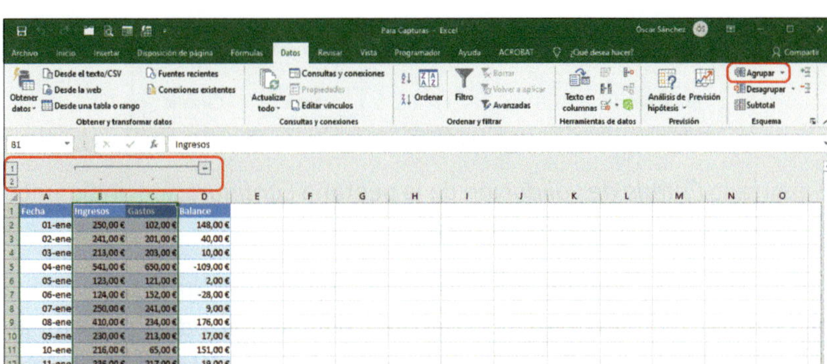

Al pulsar sobre cada uno de los números del agrupamiento, se expandirá o se contraerán los datos.

Si ya no se desean tener los datos agrupados tenemos que realizar las mismas acciones que las explicadas anteriormente, pero pinchando en el botón *Desagrupar*.

13.5. Validación de datos

La validación de datos es muy similar al formato condicional que hemos visto en apartados anteriores, salvo que esta característica tiene una función muy concreta y es validar el contenido de una celda; pudiendo incluso mostrar un mensaje de error o aviso si llegara el caso.

Para aplicar una validación a una celda debemos llevar a cabo los siguientes pasos:

1. Seleccionamos la celda que queremos validar.
2. Accedemos a la ficha *Datos* y pulsamos *Validación de datos*.

Nos aparece el cuadro de diálogo *Validación de datos* como el que vemos en la siguiente imagen, donde podemos elegir entre varios tipos de validaciones.

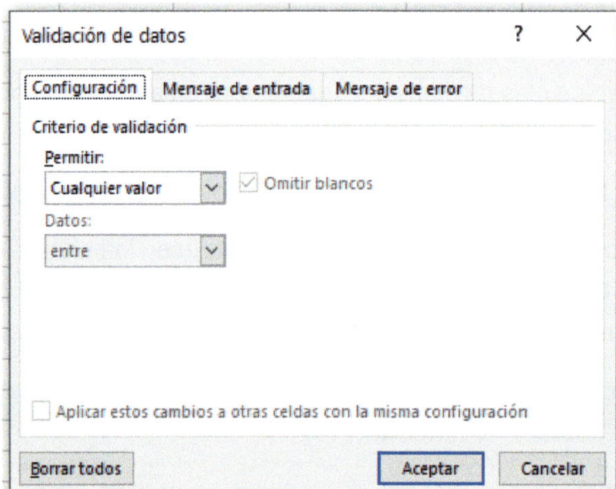

En el apartado *Criterio de validación* de la pestaña *Configuración*, indicamos la condición para que el dato sea correcto.

Dentro de *Permitir* podemos encontrar *Cualquier valor, Número entero, Decimal, Lista, Fecha, Hora, Longitud del texto* y *Personalizada*. Por ejemplo, si elegimos Número entero, Excel solo permitirá números enteros en esa celda, si el usuario intenta escribir un número decimal, se producirá un error.

Podemos restringir más los valores permitidos en la celda con la opción *Datos*, donde, por ejemplo, podemos indicar que los valores estén entre 10 y 30.

Si en la opción *Permitir* elegimos Lista, podremos escribir una lista de valores para que el usuario pueda escoger un valor de los disponibles en la lista. En el recuadro que aparecerá (*Origen*) podremos escribir los distintos valores separados por ; (punto y coma) para que aparezcan en forma de lista.

En la pestaña *Mensaje de entrada* podemos introducir un mensaje que se muestre al acceder a la celda. Este mensaje sirve para informar de qué tipos de datos son considerados válidos para esa celda.

En la pestaña *Mensaje de error* podemos escribir el mensaje de error que queremos se le muestre al usuario cuando introduzca en la celda un valor incorrecto.

Ejercicios prácticos

ACTIVIDAD 13.1

En este ejercicio se van a desarrollar las siguientes opciones:

1. Formato de celdas: número, alineación, fuente, bordes y rellenos.
2. Operaciones matemáticas simples: sumas.
3. Función: SUMA.
4. Ancho de columnas.
5. Márgenes.
6. Combinación de celdas.
7. Agrupamientos (esquema).

Realiza la siguiente hoja de cálculo teniendo en cuenta las consideraciones siguientes:

1. Las filas 10, 15, 20 y 22, al igual que la columna H (total año), es con fórmula, siendo la suma de las cantidades correspondientes.
2. Agrupa las columnas D, E, F y G. De la misma forma agrupa las filas 7, 8, 9; las filas 12, 13, 14 y las filas 17, 18 y 19.
3. Establece el ancho de las columnas similar al que te doy, teniendo en cuenta que tiene que caber todo en una sola página.
4. Llama a la hoja "VENTAS".

VENTAS DE TECNOLOGÍA (trimestrales)

Año 20XX

		TRIMESTRE 1	TRIMESTRE 2	TRIMESTRE 3	TRIMESTRE 4	TOTAL AÑO
Ordenadores						
	España	5.306,87 €	6.882,51 €	7.803,19 €	9.076,42 €	29.068,99 €
	Italia	3.680,77 €	4.508,62 €	4.524,34 €	7.011,55 €	19.725,27 €
	Alemania	11.202,48 €	14.797,05 €	14.797,05 €	19.875,06 €	60.671,65 €
	Total	20.190,12 €	26.188,18 €	27.124,58 €	35.963,03 €	109.465,91 €
Tablets						
	España	12.265,38 €	8.786,14 €	9.853,84 €	16.694,42 €	47.599,79 €
	Italia	8.500,17 €	6.307,99 €	6.307,99 €	11.708,55 €	32.824,69 €
	Alemania	26.272,86 €	19.660,19 €	19.660,19 €	35.533,70 €	101.126,93 €
	Total	47.038,41 €	34.754,31 €	35.822,02 €	63.936,67 €	181.551,40 €
Móviles						
	España	21.111,09 €	19.998,04 €	22.855,45 €	23.398,95 €	87.363,52 €
	Italia	15.076,48 €	14.277,31 €	14.277,31 €	18.300,75 €	61.931,84 €
	Alemania	43.639,25 €	46.096,86 €	46.096,86 €	49.170,05 €	185.003,01 €
	Total	79.826,82 €	80.372,20 €	83.229,61 €	90.869,74 €	334.298,37 €
Total		**147.055,34 €**	**141.314,69 €**	**146.176,20 €**	**190.769,44 €**	**625.315,68 €**

VENTAS

ACTIVIDAD 13.2

En este ejercicio se van a desarrollar las siguientes opciones:

1. Formato de celdas: número, alineación, fuente y bordes.
2. Operaciones matemáticas simples: restas, multiplicaciones y divisiones.
3. Función SUMA.
4. Ancho de columnas.
5. Márgenes y orientación.
6. Combinación de celdas.
7. Referencias absolutas o mixtas.
8. Dibujos.
9. Gráficos.
10. Agrupaciones (esquema).

Realiza la siguiente hoja de cálculo teniendo en cuenta las consideraciones siguientes:

1. Los valores de las filas 5, 6, 10, 16 y 17 se introducen manualmente, a excepción de la columna G (Total) que se calcula con una fórmula.
2. El Ingreso de ventas es la multiplicación de las unidades vendidas por el precio del producto.
3. El Coste de ventas es la multiplicación de las unidades vendidas por el coste del producto.
4. Los Gastos generales son el 15% del ingreso por ventas correspondiente.
5. Los Gastos totales son la suma de todos los gastos.
6. La Ganancia neta es la resta de la Ganancia bruta y los Gastos totales.
7. Las filas 23 y 24 representan el porcentaje que supone la Ganancia neta con respecto a los ingresos de ventas (fila 11).
8. Agrupar los Trimestres.
9. Agrupar los Rldos. Brutos, los Gastos y los Rldos. Netos.
10. Realiza el gráfico que se muestra.

CONTROL DE COSTES

Precio del producto	0,24 €
Coste del producto	0,15 €

	Trim. 1	Trim. 2	Trim. 3	Trim. 4	Total
RLDOS. BRUTOS					
Unidades vendidas	3.592	4.390	3.192	4.789	15.963
Ingreso de ventas	862,08 €	1.053,60 €	766,08 €	1.149,36 €	3.831,12 €
Coste de ventas	538,80 €	658,50 €	478,80 €	718,35 €	2.394,45 €
Ganancia bruta	323,28 €	395,10 €	287,28 €	431,01 €	1.436,67 €
GASTOS					
Sueldos	48,08	48,08	54,09	54,09	204,34
Publicidad	60,10	60,10	60,10	60,10	240,40
Gastos generales	129,31	158,04	114,91	172,40	574,67
Gastos totales	237,49	266,22	229,10	286,59	1.019,41
RLDOS. NETOS					
Ganancia neta	85,79 €	128,88 €	58,18 €	144,42 €	417,26 €
Margen de ganancia s/ ingresos de ventas	10%	12%	8%	13%	11%

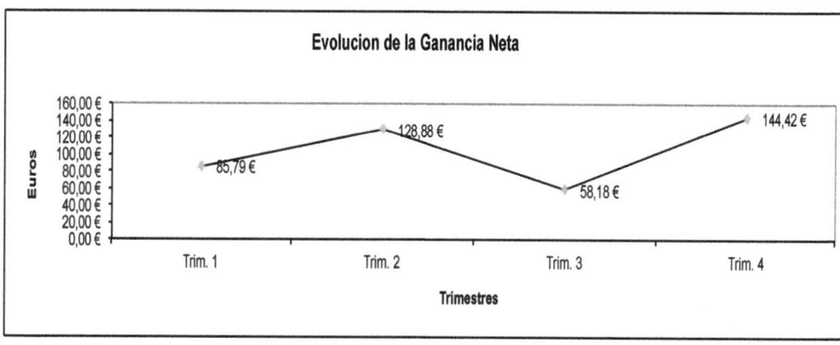

ACTIVIDAD 13.3

En este ejercicio se van a desarrollar las siguientes opciones:

1. Formato de celdas: número, alineación, fuente, bordes y tramas.
5. Ancho de columnas.
6. Trabajo con varias hojas
7. Márgenes.
8. Combinación de celdas.
9. Filtros.

10. Formato condicional.

11. Función: CONTAR.SI.

Una empresa desea llevar el control de los vendedores que trabajan para ella, por lo que en una hoja llamada "Vendedores" introduce la información que se muestra a continuación:

Nombre	Apellidos	Teléfono	Dirección	Ciudad
Juan	López Robles	959118822	Pl. Niña, 24	Huelva
Antonio	Antúnez Cabral	952545689	Avda. Alemania 56	Sevilla
Pedro	Álvarez Robledo	958457896	C/ Ruiz Alarcón, 48	Granada
Juan Carlos	Pérez Cáceres	954256297	C/ Bautista, 6	Sevilla
Luisa	Cristaldo Jiménez	917588965	Paseo Castellana, 85	Madrid
Asunción	García Pérez	912565589	Avda. Pío XII, 67 bis	Madrid
María	González Juan	959286556	Pl. Quintero Báez, 24	Huelva
Mercedes	Rodríguez García	959159635	Paseo de Santa Fe, 6	Huelva
Patricia	López Núñez	952458899	C/ Betis, 49	Sevilla
Josefa	Méndez Cano	958895698	C/ Béjar, 12	Granada
Miriam	Gómez Rodríguez	950497059	C/ Velázquez, 90	Almería
Alcides	López Gómez	958124568	C/ Reyes Católicos, 2	Granada
Fernando	López Gómez	952639878	Avda. Andalucía, 3	Málaga
Eduardo	Ruiz Escobar	950368956	Pl. San Marcos, 22	Almería
Francisco	Romero Torres	959458923	Avda. Sundheim, 26	Huelva
Mariano	Hita Pérez	954689635	C/ San Fernando, 3	Sevilla
Milciades	Valdepeñas Ruiz	953456989	Paseo Marítimo, 2	Jaén
Ariana	Arce Mirelles	952457894	C/ Las Mercedes, 1	Málaga
Karina	Cascos Fernández	952226989	Pl. Reina Cristina, 65	Málaga

SE PIDE:

1. El listado llevará por título el nombre de la empresa y como subtítulo "Listado de Vendedores". Utilizar tipo de letra Courier New de 16 ptos., en negrita, para el título y tamaño de 14 ptos., en cursiva, para el subtítulo. Para el resto del texto, el tamaño será de 12 ptos.

2. Colocar los apellidos al principio de la tabla y ordenarla alfabéticamente de la A a la Z, según los apellidos.

3. Aplicar formato condicional a la columna "Ciudad", de modo que cuando aparezca Almería tome la celda color rojo y cuando aparezca Madrid tome la celda color verde.

4. Con la opción de Filtro, seleccionar solo los vendedores de la provincia de Granada y copiar todos sus datos en la hoja 2, a la cual le pondremos el nombre de "Vendedores Granada".

5. Realizar la misma operación anterior, pero esta vez para los vendedores de Sevilla y lo copiamos en la hoja 3, a la cual llamaremos "Vendedores Sevilla".
6. Desactivar el Autofiltro.
7. Utilizando la función estadística CONTAR.SI, contar cuántos vendedores tiene la empresa en cada una de las provincias que aparecen en el listado. Colocar los resultados debajo del listado de la hoja "Vendedores".

DULCES SUEÑOS, S. A.

Listado de Vendedores

	A	B	C	D	E	F
6		Apellidos	Nombre	Teléfono	Dirección	Ciudad
7		Álvarez Robledo	Pedro	958457896	C/ Ruiz Alarcón, 48	Granada
8		Antúnez Cabral	Antonio	952545689	Avda. Alemania 56	Sevilla
9		Arce Mirelles	Ariana	952457894	C/ Las Mercedes, 1	Málaga
10		Cascos Fernández	Karina	952226989	Pl. Reina Cristina, 65	Málaga
11		Cristaldo Jiménez	Luisa	917588965	Paseo Castellana, 85	Madrid
12		García Pérez	Asunción	912565589	Avda. Pío XII, 67 bis	Madrid
13		Gómez Rodríguez	Miriam	950497059	C/ Velázquez, 90	Almería
14		González Juan	María	959286556	Pl. Quintero Báez, 24	Huelva
15		Hita Pérez	Mariano	954689635	C/ San Fernando, 3	Sevilla
16		López Gómez	Alcides	958124568	C/ Reyes Católicos, 2	Granada
17		López Gómez	Fernando	952639878	Avda. Andalucía, 3	Málaga
18		López Núñez	Patricia	952458899	C/ Betis, 49	Sevilla
19		López Robles	Juan	959118822	Pl. Niña, 24	Huelva
20		Méndez Cano	Josefa	958895698	C/ Béjar, 12	Granada
21		Pérez Cáceres	Juan Carlos	954256297	C/ Bautista, 6	Sevilla
22		Rodríguez García	Mercedes	959159635	Paseo de Santa Fe, 6	Huelva
23		Romero Torres	Francisco	959458923	Avda. Sundheim, 26	Huelva
24		Ruiz Escobar	Eduardo	950368956	Pl. San Marcos, 22	Almería
25		Valdepeñas Ruiz	Milciades	953456989	Paseo Marítimo, 2	Jaén

	N.º de Vendedores	
29	Granada	3
30	Sevilla	4
31	Málaga	3
32	Madrid	2
33	Almería	2
34	Huelva	4

14. Utilización de las herramientas de revisión y trabajo con libros compartidos

Introducción

Una de las funciones más interesantes, y menos usadas en el trabajo diario de Excel, es la posibilidad de realizar trabajos en grupo; la posibilidad de controlar los cambios que distintos usuarios han producido en un libro de trabajo.

Imagina, por ejemplo, que coordinas un grupo de trabajo cuyos componentes os podéis ver físicamente muy pocas veces; queréis elaborar un libro para el que tú has hecho un planteamiento de partida, pero quieres que los restantes participantes hagan nuevas aportaciones. El trabajo es sencillo: se crea una cadena de difusión, de forma que tú le mandas el documento a una persona, hace sus aportaciones y lo remite al siguiente; al final, el último interviniente te lo devuelve.

En ese momento, comienza tu papel de coordinador, ya que puedes saber qué cambios se han introducido, quien lo ha hecho y aceptar o rechazar los cambios que se hayan producido, incluyendo a su vez los comentarios que consideres oportunos.

También es muy útil, en algunas ocasiones, proteger las hojas y los libros de trabajo para que solamente las personas autorizadas puedan realizar modificaciones.

Todo esto es lo que aprenderemos en el presente apartado.

Contenido

14.1. Inserción de comentarios

Hay ocasiones en las que será conveniente introducir comentarios o notas en las celdas de nuestra hoja. Veamos cómo hacerlo.

En Excel, para insertar un comentario en una celda, se pulsa el botón derecho del ratón sobre dicha celda y se escoge la opción *Insertar comentario*. Asociado a dicha celda aparecerá una casilla de introducción de texto en la que podremos escribir el comentario a la celda.

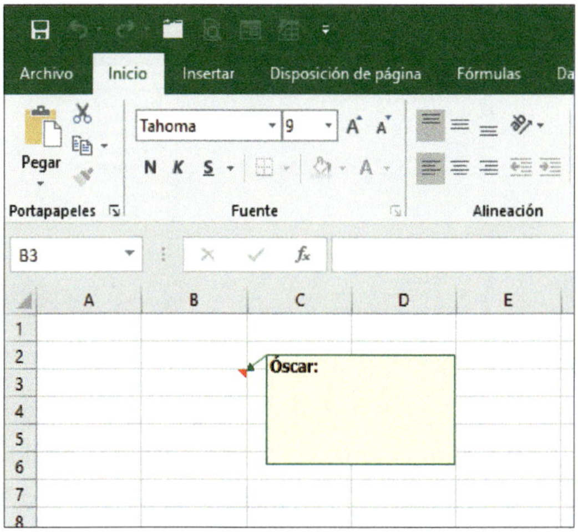

14.2. Control de cambios de la hoja de cálculo

Excel permite trabajar a varias personas revisando y modificando un libro de trabajo, de tal forma que se pueden deshacer las modificaciones, capturar las modificaciones de muchos revisores, controlar los comentarios de cada uno de ellos, etc. En las versiones anteriores a la 2019, esto se realizaba a través de una característica llamada *Control de cambios,* disponible desde la ficha *Revisar.*

En esta nueva versión de Excel, los botones *Proteger y compartir el libro* y *Control de cambios* ya no están disponibles en la ficha *Revisar.* Como presentan numerosas limitaciones, Microsoft ha preferido dar prioridad a la **coautoría**. No obstante, si se desea seguir usándolos, se pueden añadir los comandos *Compartir libro (heredado)*, *Proteger uso compartido (heredado)*, *Control de cambios (heredado)* y *Comparar y combinar libros*, ya sea a la cinta de opciones o a la barra de acceso rápido (esto último lo explicamos en el apartado 7.6 cuando añadimos el icono *Autoformato* a la barra de acceso rápido).

Si lo que quieres es crear un grupo nuevo, desde la ficha *Archivo,* debes acceder a las *Opciones de Excel* y seleccionar la opción *Personalizar cinta de opciones*, diciéndole a Excel que muestre los *Comandos que no están en la cinta de opciones*, tal y como puedes ver en la siguiente figura.

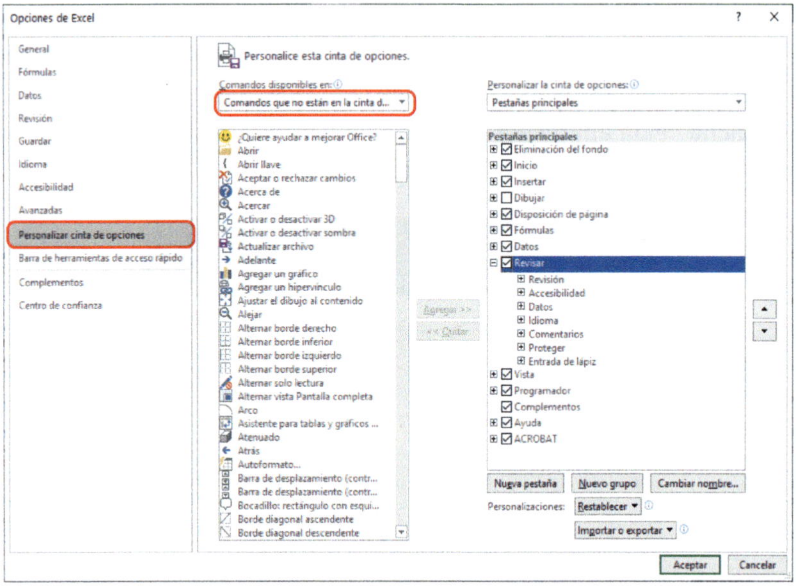

Vamos a crear un *Nuevo grupo* dentro de la ficha *Revisar*, por lo que seleccionamos esa opción y le damos nombre (en mi caso la he llamado "Control de cambios y Libros compartidos"). Ahora solo nos falta añadir los cuatro botones que hemos indicado anteriormente a este grupo que hemos creado, tal y como puedes ver en la siguiente figura.

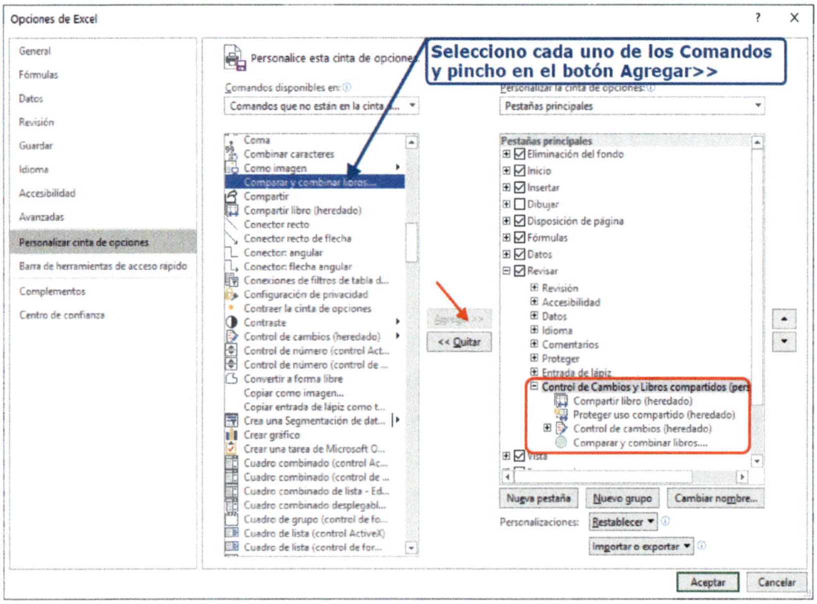

Cuando haya finalizado, en la ficha *Revisar,* aparecerán los nuevos comandos que he añadido.

Al hacer clic en *Control de cambios* solamente tenemos activa la opción *Resaltar cambios* que, al seleccionarla, aparecerá el cuadro de diálogo como el de la siguiente figura.

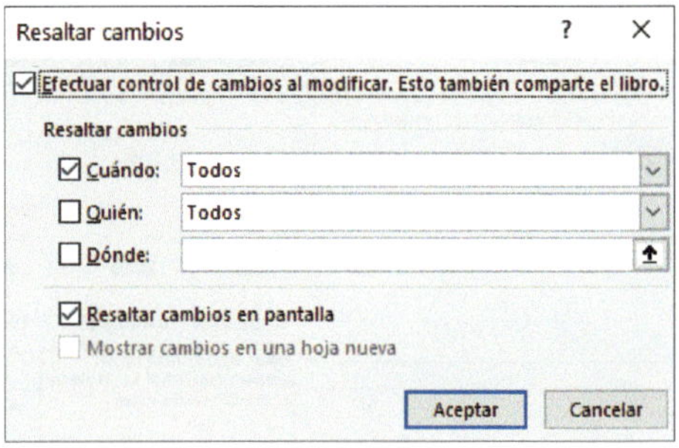

Podemos seleccionar los cambios que deseamos ver resaltados, pudiendo elegir entre:

- **Cuándo**. Fecha o momento del tiempo en el que se ha realizado el cambio.
- **Quién**. Persona que ha realizado el cambio.
- **Dónde**. Celda o celdas que se quieren controlar. Si no se indica nada, Excel presupone que se controlan todas las celdas.

Cuando se aceptan las opciones del cuadro de diálogo anterior, Excel muestra un aviso como el que puedes ver en la siguiente imagen.

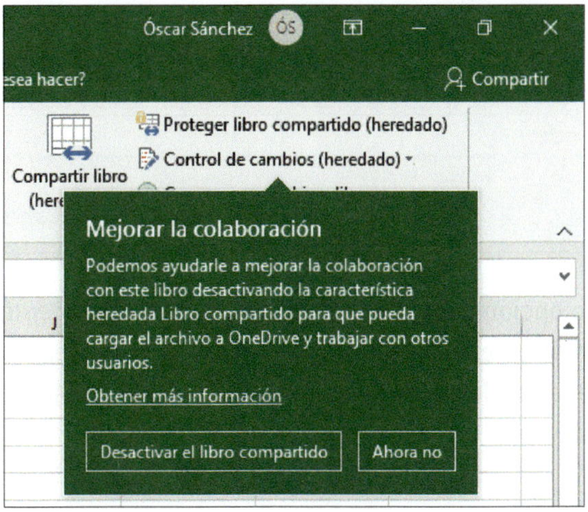

Vamos a seguir trabajando con el libro compartido por lo que pulsamos en el botón *Ahora no.*

En el momento que se realiza un cambio en una celda controlada por la revisión de cambios, nos aparecerá un triángulo azul en la esquina superior izquierda de la celda y un comentario en el que nos dice cuál ha sido el cambio realizado, tal y como se muestra en la siguiente figura.

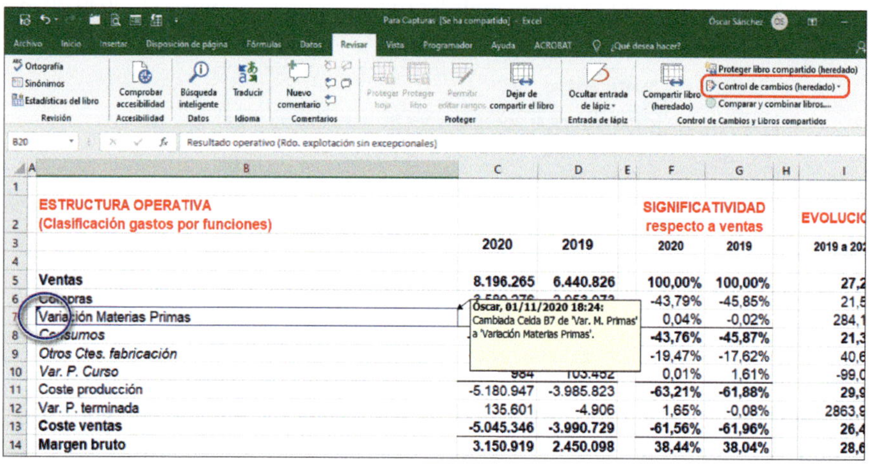

Para aceptar o rechazar los cambios que se han realizado sobre el libro tenemos que acceder a la opción *Aceptar o rechazar cambios* de la ficha *Revisar,* grupo *Cambios,* apareciendo un cuadro de diálogo como el siguiente cuando se accede a la opción.

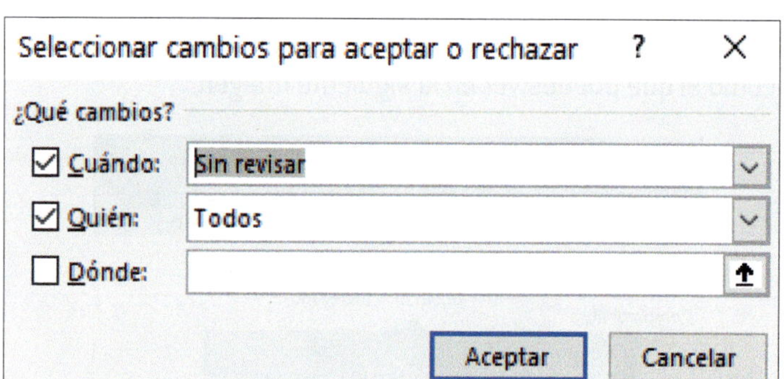

Al seleccionar la opción deseada y pulsar sobre el botón *Aceptar,* se nos abre otro cuadro de diálogo en el que nos muestra los cambios realizados en el libro de trabajo. A través de los botones disponibles podremos *Aceptar* o *Rechazar* los cambios realizados.

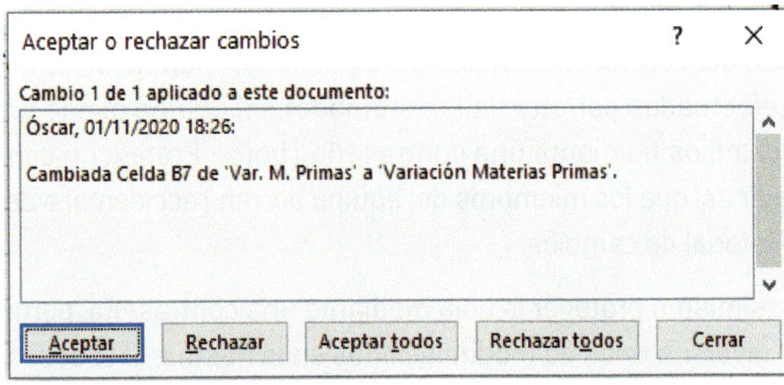

14.3. Libros compartidos

Existen diversas herramientas que permiten dividir el trabajo de elaboración, revisión e interpretación de la hoja de cálculo en el seno de un equipo de trabajo.

Ya hemos estudiado en el apartado anterior cómo el control de cambios nos permite visualizar las modificaciones, añadidos o eliminaciones al documento sugeridas por otra persona.

Es posible también configurar el documento para que varios usuarios lo modifiquen simultáneamente, y esto se realiza a través del botón Compartir libro que hemos añadido anteriormente. Al seleccionarlo, se abre el cuadro de diálogo del mismo nombre, con el que se puede habilitar la modificación simultánea del documento y configurar algunas características de este modo de trabajo (pestaña Uso avanzado), pero previamente has de seleccionar la casilla de verificación existente en la pestaña *Modificación.*

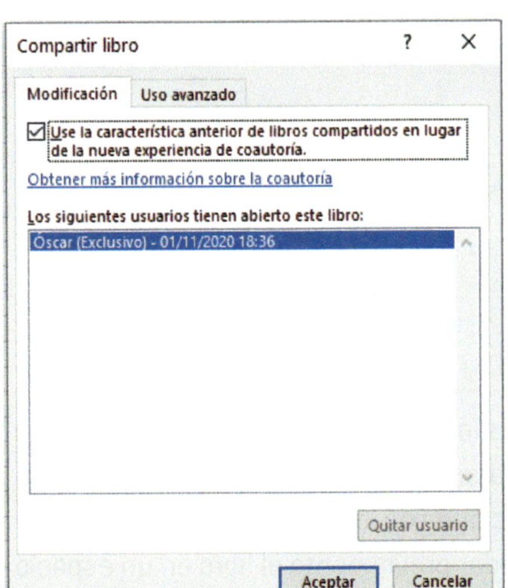

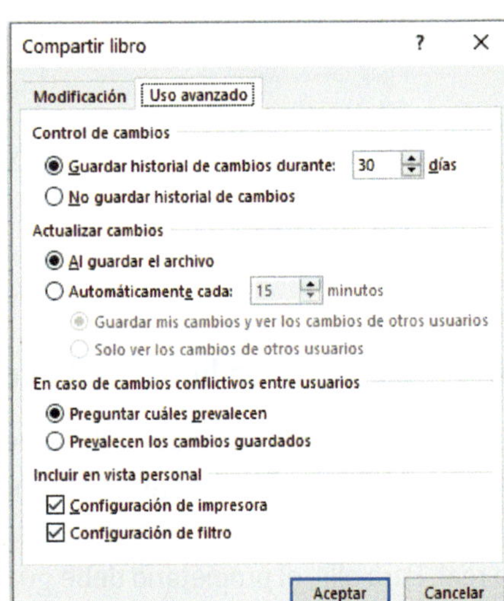

Cuando se comparte el libro de hojas de cálculo con otros usuarios, es fundamental el uso del control de cambios para poder dar marcha atrás a las modificaciones efectuadas por otros. El coordinador del equipo puede proteger el control de cambios mediante una contraseña (botón Proteger y compartir libro) e impedir así que los miembros del equipo borren (accidental o deliberadamente) el historial de cambios.

Es posible asimismo proteger la hoja mediante una contraseña, permitiendo o impidiendo diversos tipos de modificaciones en la misma. Si lo deseamos, podemos también guardar la hoja de cálculo con una contraseña de apertura o de escritura y modificación (*Guardar como, Herramientas, Opciones generales*).

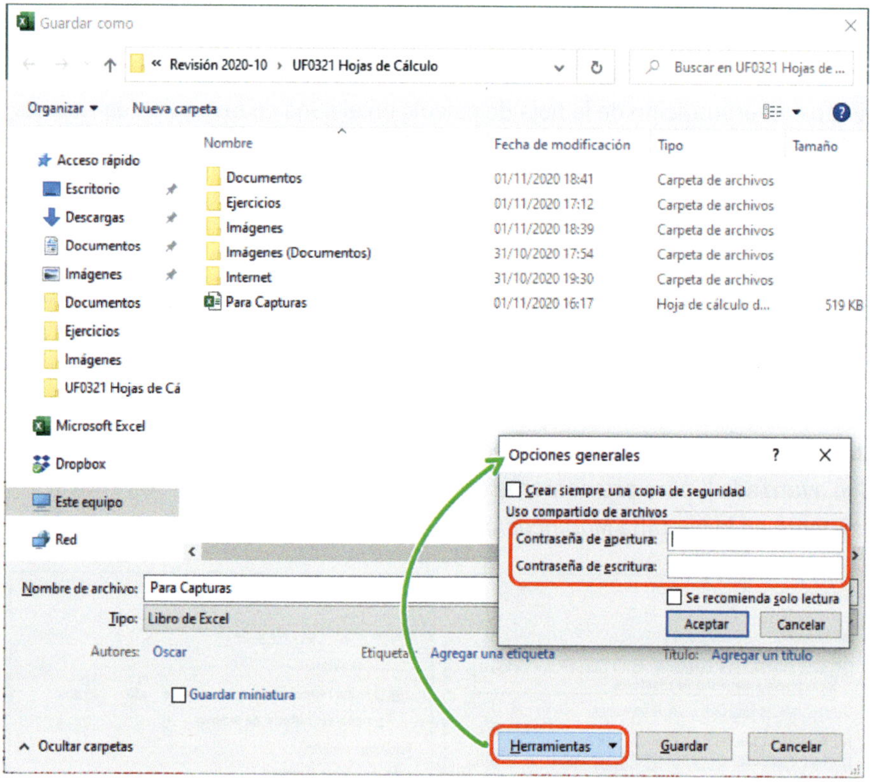

14.4. Coautoría en libros de Excel

Esta es una de las novedades de la versión 2019. Excel permite que varios usuarios trabajen de manera simultánea en un mismo libro, de tal forma que cada uno de ellos puede ver las modificaciones de los demás usuarios en tiempo real. Para ello, el propietario debe guardar previamente el libro en un espacio de almacenamiento en línea como puede ser OneDrive (personal o profesional) o, si se dispone de Office 365, en una biblioteca SharePoint o un equipo Teams.

Es importante tener en cuenta que, cuando un libro se ha compartido con otros usuarios, aquellos que dispongan de derecho de edición podrán abrirlo y trabajar con él, siempre que lo hayan abierto en la misma aplicación: Excel Online o Excel 2019.

Para compartir un libro de trabajo basta con pinchar en el icono del mismo nombre situado en la esquina superior derecha, aunque también se puede hacer desde la ficha *Archivo,* seleccionando la opción *Compartir,* tal y como puedes ver en la siguiente figura.

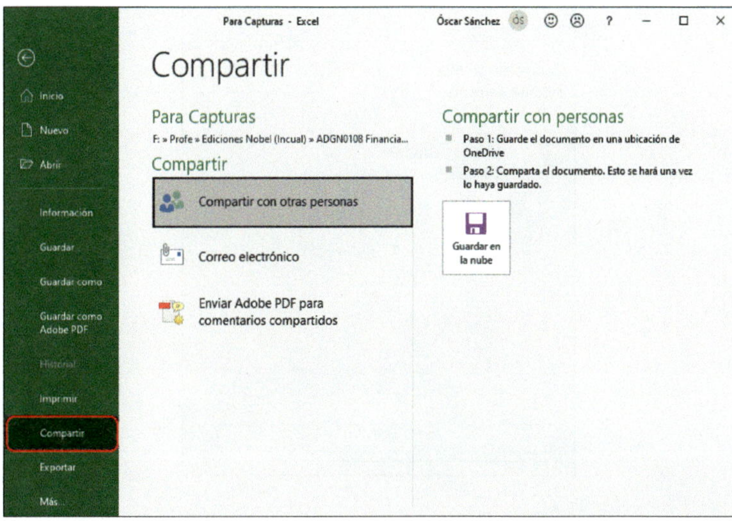

Si pinchamos en el icono *Compartir,* nos aparecerá un aviso indicándonos que se debe guardar el archivo en la nube para poder llevar a cabo la compartición del libro de trabajo.

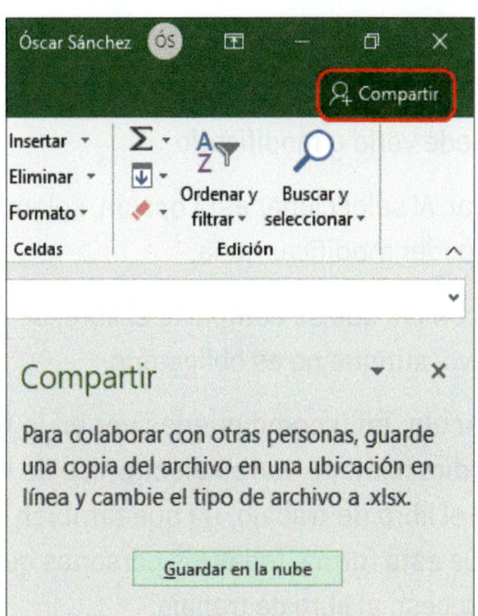

Una vez guardado el archivo en la nube, se actualiza el panel de *Compartir*, tal y como puedes ver en la siguiente figura.

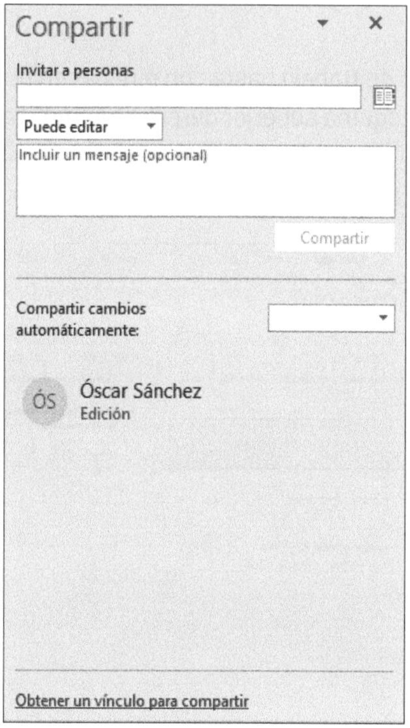

Se puede compartir el libro de dos formas:

- Invitando a personas escribiendo su dirección de correo electrónico. Una vez escrito (o seleccionado de la libreta de direcciones) podemos darle dos tipos de permisos:
  - Puede editar. En este caso la persona, o personas, con la que compartimos el libro puede verlo y modificarlo.
  - Puede visualizar. Al seleccionar esta opción, solamente tendrá acceso a visualizar, sin poder modificar nada.

  A estas personas con las que se comparte el libro, se les puede mandar un mensaje informativo, aunque no es obligatorio.

- Obteniendo un vínculo. Tal y como puedes ver en la figura anterior, no es preciso escribir la dirección de correo electrónico de la persona con la que quieres compartir el libro de trabajo, ya que también se puede obtener un enlace (vínculo). De esta forma, todas las personas que dispongan del mismo, podrán tener acceso al libro de trabajo.

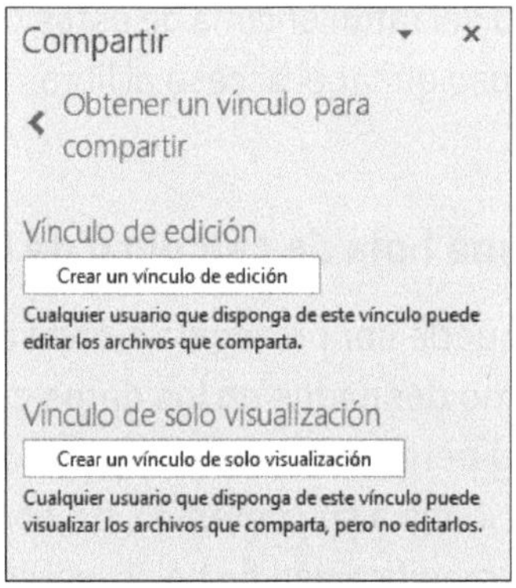

Al igual que sucedía en el caso anterior, el vínculo puede ser de edición o solo de visualización.

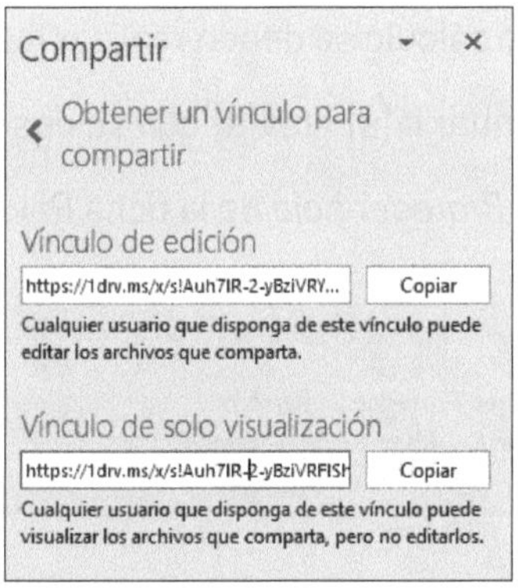

En todo momento dispongo de información sobre con quién he compartido el libro de trabajo, tal y como puedes ver en la siguiente figura.

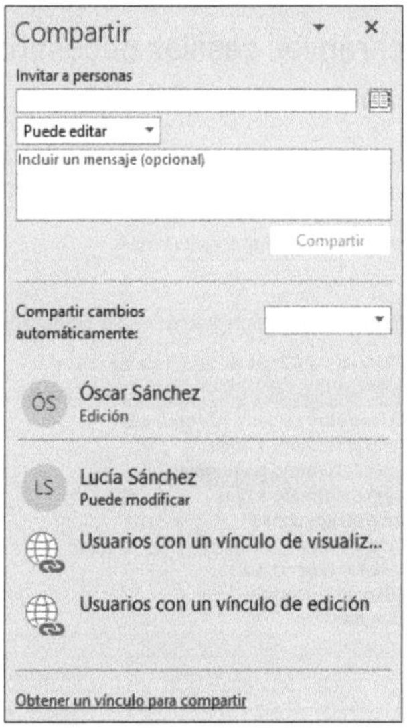

Pulsando el botón derecho del ratón encima de estos usuarios, se pueden modificar los permisos o incluso quitar el acceso al libro.

14.5. Protección de una hoja de cálculo y de un libro

En Excel la información puede ser protegida a nivel de hoja, es decir, impide que se realicen cambios no deseados en los datos contenidos en las celdas bloqueadas de una hoja y permite también especificar que celdas serán las que si permitan modificaciones a su contenido, o a nivel de todo el libro, es decir, restringe la creación u modificación de hojas, así como de su estructura.

14.5.1. Protección de una hoja de cálculo

Para proteger una hoja de cálculo se deben realizar las siguientes acciones:

1. Abrir el libro y seleccionar la(s) hoja(s) que se desean proteger.
2. Seleccionar la opción *Proteger hoja* de la ficha *Revisar,* grupo *Cambios.*

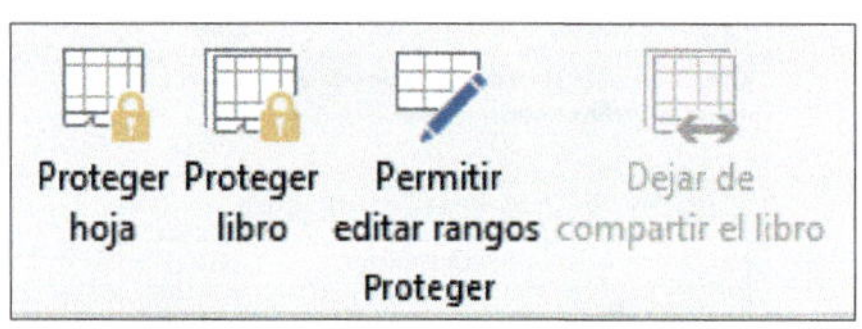

3. En el cuadro de diálogo que aparece, hay que dejar marcada la casilla *Proteger hoja y contenido de celdas bloqueadas* para que la protección solo se realice a las celdas bloqueadas. Si se desea, se puede establecer una contraseña para que solo quien la conozca pueda desproteger la hoja.

   A continuación se marcarán las casillas necesarias según lo que se desee permitir que sea modificable en las celdas bloqueadas y, presionar *Aceptar.*

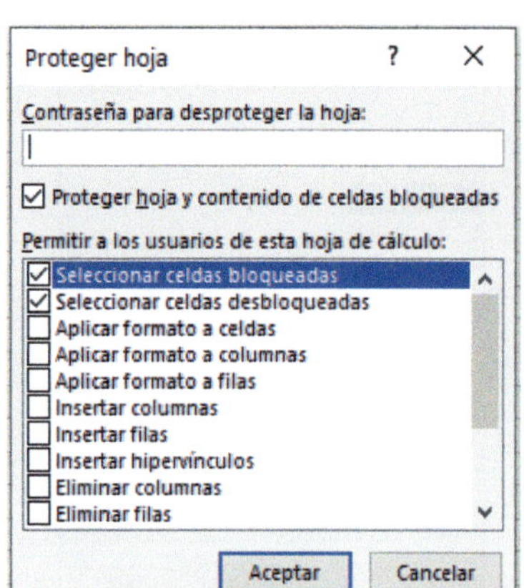

4. Cuando se haya terminado de hacer la selección, se pulsará sobre el botón *Aceptar*.

Cuando se intente realizar alguna modificación de las no permitidas en la hoja, Excel mostrará un mensaje de error como el que se muestra en la siguiente imagen.

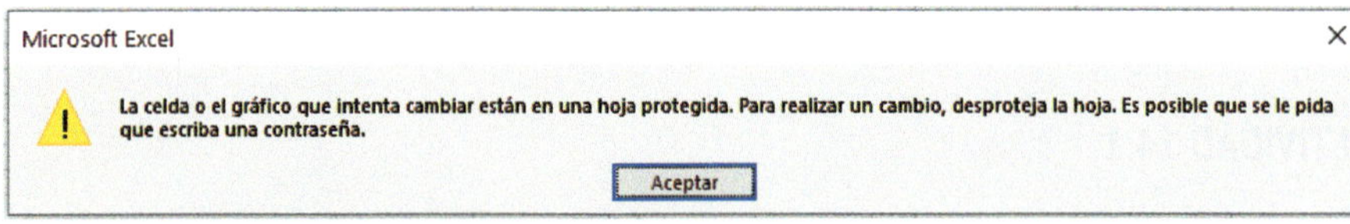

Es preciso que tengas en cuenta que la protección de las celdas está relacionada con las propiedades que se hayan establecido en las mismas, de tal forma que en las celdas bloqueadas no se podrá escribir y en las celdas ocultas desaparecerá su contenido.

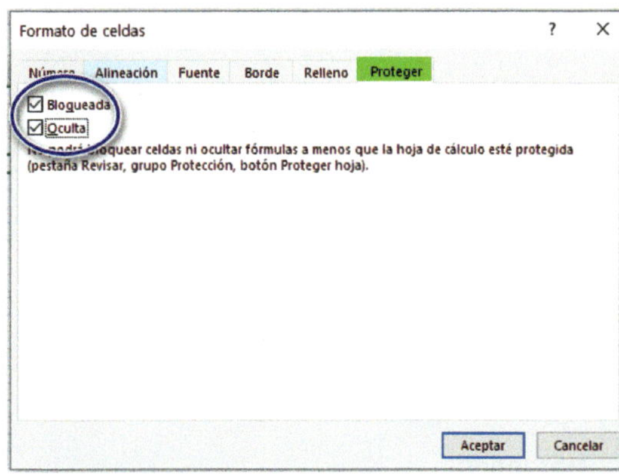

14.5.2. Protección de un libro

Para proteger una hoja de cálculo se deben realizar las siguientes acciones:

1. Abrir el libro que se desee proteger.
2. Seleccionar la opción *Proteger libro* de la ficha *Revisar,* grupo *Cambios,* y de las opciones que se despliegan deberemos elegir la opción *Proteger estructura y ventanas.*
3. En el cuadro de diálogo que aparece hay que marcar las opciones necesarias según la protección deseada.

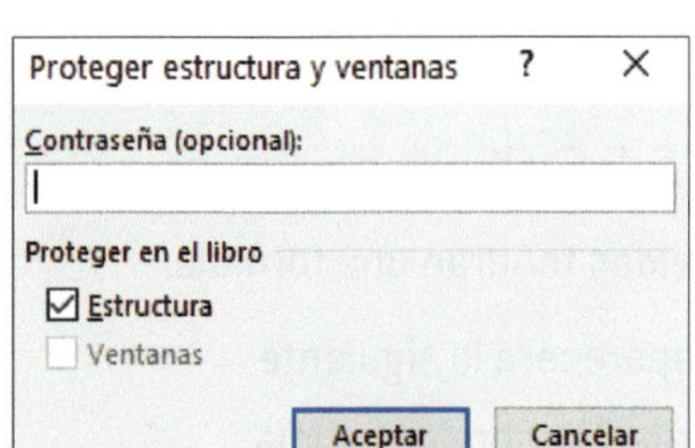

4. Cuando se haya finalizado, pulsamos sobre el botón *Aceptar*.

Cuando se intente realizar alguna modificación de las no permitidas en el libro, Excel mostrará un mensaje de error.

Ejercicios prácticos

ACTIVIDAD 14.1

En este ejercicio se van a desarrollar las siguientes opciones:

1. Formato de celdas: número, alineación, fuente, bordes y relleno.
2. Trabajo con hojas.
3. Funciones: BUSCARV, SI, Y, O, PROMEDIO, CONTARA, CONTAR.BLANCO, CONTAR.SI.
4. Formato condicional.
5. Ancho de columnas.
6. Encabezado y pie de página.
7. Márgenes.
8. Gráficos.
9. Protección de la hoja.

Realiza la siguiente hoja de cálculo teniendo en cuenta las consideraciones que se dan a continuación:

1. El contenido se deberá escribir en las mismas celdas que las establecidas en la muestra.
2. Copia, en una hoja que llamarás "ALUMNOS", el listado con el nombre y apellidos de 12 personas.
3. Los datos que se escriben manualmente en la hoja "NOTAS" son los siguientes:
    - Fila 2.
    - Columnas B, D, E, F, G y K.

   Todas las demás celdas tendrán una fórmula.
4. En el encabezado aparecerá lo siguiente:
    - Sección Izquierda: Nombre de la hoja.

- Sección Central: Tu Nombre y Apellidos (en negrita y con un tamaño de 14 puntos).
- Sección Derecha: Nombre del archivo.

5. En el pie de página, a la derecha, aparecerá el número de página y el total de páginas (tal y como se ve en la muestra).
6. En la hoja "NOTAS", al cumplimentar manualmente la columna B, deberá aparecer el nombre del alumno automáticamente en la columna C, utilizando la función de **BÚSQUEDA** adecuada.
7. La columna H me tendrá que sacar el Promedio de los cuatro ejercicios, siempre y cuando no aparezca la expresión "NP" en alguno de ellos. Si sucede esto último, deberá aparecer "SUSPENSO".
8. La columna I me tendrá que sacar un 3 si en la columna H aparece "SUSPENSO" o si la media de los cuatro ejercicios es inferior a 3, apareciendo el valor de la columna H en caso contrario.
9. La celda L7 me tendrá que **CONTAR** cuántos alumnos se han examinado.
10. La celda L8 me tendrá que **CONTAR** cuántos alumnos han aprobado.
11. La celda L9 me tendrá que **CONTAR** cuántos alumnos han suspendido.
12. Realiza el gráfico cilíndrico que puedes observar, dejándolo tal y como allí figura.
13. Establece los formatos de celda necesarios para que quede como en la muestra, teniendo en cuenta que el tamaño de la fuente será de 13 puntos para los encabezados de la tabla y de 11 puntos para el resto.
14. La hoja "NOTAS" estará protegida, pudiéndose escribir solamente en las columnas B, D, E, F y G. Además, solamente se podrán seleccionar las celdas desbloqueadas. Pon como contraseña tu primer apellido en mayúsculas.
15. Establece un formato condicional a las columnas D, E, F y G de tal forma que:
    - Si la nota es "NP" la celda aparecerá con un sombreado rojo.
    - Si la nota es superior a 8, el color de la fuente será verde en negrita.
16. Realiza un agrupamiento de las columnas que contienen las notas de los cuatro ejercicios realizados.
17. Realiza una copia de la hoja "NOTAS" en otra hoja que llamarás "COPIA NOTAS" y haz lo siguiente:
    - Ordena los datos alfabéticamente (de mayor a menor) por el nombre del alumno (columna C).

- Realiza un filtrado de los datos, de tal forma que solamente se vean los alumnos que tienen SUSPENSO en la columna H.
- Establece de color rojo la etiqueta de la hoja.

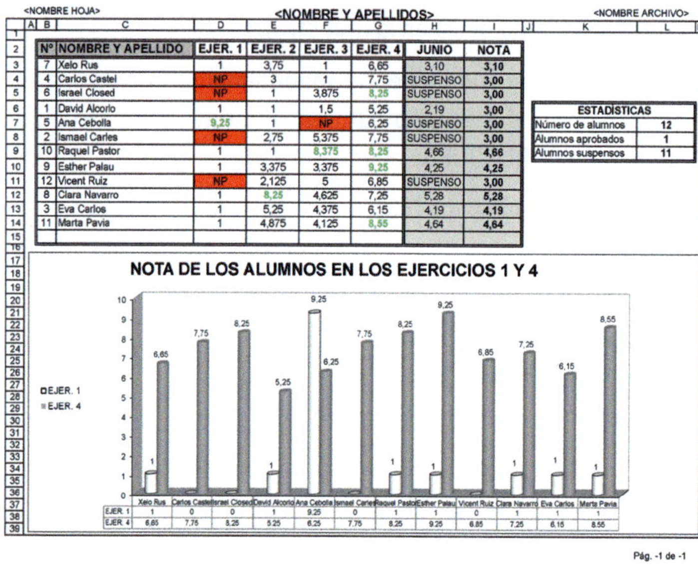
<NOMBRE HOJA> <NOMBRE Y APELLIDOS> <NOMBRE ARCHIVO>

Nº	NOMBRE Y APELLIDO	EJER. 1	EJER. 2	EJER. 3	EJER. 4	JUNIO	NOTA
7	Xelo Rus	1	3,75	1	6,65	3,10	3,10
4	Carlos Castel	NP	3	1	7,75	SUSPENSO	3,00
6	Israel Closed	NP	1	3,875	8,25	SUSPENSO	3,00
1	David Alcorlo	1	1	1,5	5,25	2,19	3,00
5	Ana Cebolla	9,25	1	NP	6,25	SUSPENSO	3,00
2	Ismael Carles	NP	2,75	5,375	7,75	SUSPENSO	3,00
10	Raquel Pastor	1	1	8,375	8,25	4,66	4,66
9	Esther Palau	1	3,375	3,375	9,25	4,25	4,25
12	Vicent Ruiz	NP	2,125	5	6,85	SUSPENSO	3,00
8	Clara Navarro	1	8,25	4,625	7,25	5,28	5,28
3	Eva Carlos	1	5,25	4,375	6,15	4,19	4,19
11	Marta Pavia	1	4,875	4,125	8,55	4,64	4,64

ESTADÍSTICAS	
Número de alumnos	12
Alumnos aprobados	1
Alumnos suspensos	11

ACTIVIDAD 14.2

En este ejercicio se van a desarrollar las siguientes opciones:

1. Formato de celdas: número, alineación, fuente, bordes y relleno.
2. Funciones: SI y BUSCARV.
3. Trabajo con varias hojas.
4. Ancho de columnas y márgenes.
5. Combinación de celdas.
6. Formato condicional.
7. Subtotales.
8. Encabezado de página.
9. Proteger hoja.
10. Compartir libro.

Realiza un libro de trabajo, que llamarás **Mis Clientes**, teniendo en cuenta las siguientes consideraciones:

Hoja "TABLAS":

1. Los datos de las tablas se escriben manualmente.
2. Asigna Nombre a las tres tablas.

LISTA DE CLIENTES			
CLAVE	NOMBRE	DIRECCIÓN	MOD. PAGO
AGR	AGROMAN	Ctra. El Juncal, s/n	3
AGU	AGUAS DE BARCELONA	C/ Rosaleda, 14	1
CEM	CEMENTOS PORTLAND	Pza. Ayuntamiento, 45	3
FEC	FECSA	C/ Palomar, 17	4
HUA	HUARTE	C/ Toledana, 33	2
IBE	IBERDROLA, SA	C/ La Picaña, 56	2
REP	REPSOL, SA	C/ Bonete, 6	2
SEV	SEVILLANA	C/ Fuente Vieja, 55	3
UNI	UNIPAPEL	C/ Sta. Agueda, 23	3
UNO	UNOSA	Pza. El Cedro	5
URA	URALITA	C/ República, 17	3
VAC	VALENCIANA DE CEMENTOS	Pza. José Mª Orense	4
VAL	VALDERRIVAS	Pza. Mestre Ripoll	5

MODALIDADES DE PAGO	
PAGO	DESCRIPCIÓN
1	Contado
2	60 días
3	90 días
4	120 días
5	Giro

LISTA VENDEDORES	
CLAVE	VENDEDOR
11	Juan Tamarite
12	Pedro Bonaire
13	Enrique Alameda

Hoja "BASE-DATOS":

1. Las columnas B (FECHA), C (CLAVE V.), E (CLAVE CI.) y G (IMPORTE VENTA) las tienes que introducir manualmente.
2. El resto de columnas saldrán automáticamente una vez introducida la fórmula adecuada.
3. Prepara la hoja de cálculo para poder introducir un máximo de 20 registros.
4. El relleno de la columna G irá cambiando de color en función del Importe de Venta que se haya realizado. De tal forma que: si la venta es menor de 100.000 €, la celda no tendrá color; si la venta está comprendida entre 100.000 y 200.000 €, el color será verde; si la venta es superior a 200.000 €, el color será amarillo.
5. Protege la hoja, de tal forma que en aquellas celdas donde haya una fórmula no sea posible modificarla.

FECHA	CLAVE V.	VENDEDOR	CLAVE CL.	NOMBRE CLIENTE	IMPORTE VENTA	MOD. PAGO	DESCRIP. PAGO
01-may	12	Pedro Bonaire	SEV	SEVILLANA	141.657,80 €	3	90 días
02-may	11	Juan Tamarite	VAL	VALDERRIVAS	393.536,27 €	5	Giro
03-may	12	Pedro Bonaire	AGR	AGROMAN	195.857,31 €	3	90 días
04-may	11	Juan Tamarite	IBE	IBERDROLA, SA	156.187,49 €	2	60 días
06-may	13	Enrique Alameda	FEC	FECSA	155.538,66 €	4	120 días
10-may	11	Juan Tamarite	UNI	UNIPAPEL	155.491,23 €	3	90 días
12-may	11	Juan Tamarite	AGR	AGROMAN	32.273,59 €	3	90 días
13-may	12	Pedro Bonaire	VAC	VALENCIANA DE CEMENTOS	21.989,77 €	4	120 días
15-may	12	Pedro Bonaire	VAL	VALDERRIVAS	14.219,17 €	5	Giro
30-may	13	Enrique Alameda	CEM	CEMENTOS PORTLAND	1.544,52 €	3	90 días
01-jun	11	Juan Tamarite	AGU	AGUAS DE BARCELONA	3.298,31 €	1	Contado
02-jun	13	Enrique Alameda	URA	URALITA	15.550,67 €	3	90 días
07-jun	12	Pedro Bonaire	UNO	UNOSA	134.195,88 €	5	Giro
08-jun	13	Enrique Alameda	HUA	HUARTE	39.349,65 €	2	60 días
10-jun	12	Pedro Bonaire	REP	REPSOL, SA	39.353,62 €	2	60 días
11-jun	13	Enrique Alameda	VAC	VALENCIANA DE CEMENTOS	257.890,44 €	4	120 días

Hoja "SUBTOTAL-VENDEDOR":

1. Copia la hoja "BASE-DATOS" en una nueva hoja y llámala "SUBTOTAL VENDEDOR".
2. Realiza Subtotales para saber lo que ha vendido cada vendedor, totalizando por clientes.
3. Ordena esta hoja nueva por la clave del vendedor.
4. Comparte el libro de trabajo a través de un vínculo y mándalo a dos personas.

FECHA	CLAVE V.	VENDEDOR	CLAVE CL.	NOMBRE CLIENTE	IMPORTE VENTA	MOD. PAGO	DESCRIP. PAGO
12-may	11	Juan Tamarite	AGR	AGROMAN	32.273,59 €	3	90 días
01-jun	11	Juan Tamarite	AGU	AGUAS DE BARCELONA	3.298,31 €	1	Contado
04-may	11	Juan Tamarite	IBE	IBERDROLA, SA	156.187,49 €	2	60 días
10-may	11	Juan Tamarite	UNI	UNIPAPEL	155.491,23 €	3	90 días
02-may	11	Juan Tamarite	VAL	VALDERRIVAS	393.536,27 €	5	Giro
		Total Juan Tamarite			**740.786,89 €**		
03-may	12	Pedro Bonaire	AGR	AGROMAN	195.857,31 €	3	90 días
10-jun	12	Pedro Bonaire	REP	REPSOL, SA	39.353,62 €	2	60 días
01-may	12	Pedro Bonaire	SEV	SEVILLANA	141.657,80 €	3	90 días
07-jun	12	Pedro Bonaire	UNO	UNOSA	134.195,88 €	5	Giro
13-may	12	Pedro Bonaire	VAC	VALENCIANA DE CEMENTOS	21.989,77 €	4	120 días
15-may	12	Pedro Bonaire	VAL	VALDERRIVAS	14.219,17 €	5	Giro
		Total Pedro Bonaire			**547.273,55 €**		
30-may	13	Enrique Alameda	CEM	CEMENTOS PORTLAND	1.544,52 €	3	90 días
06-may	13	Enrique Alameda	FEC	FECSA	155.538,66 €	4	120 días
08-jun	13	Enrique Alameda	HUA	HUARTE	39.349,65 €	2	60 días
02-jun	13	Enrique Alameda	URA	URALITA	15.550,67 €	3	90 días
11-jun	13	Enrique Alameda	VAC	VALENCIANA DE CEMENTOS	257.890,44 €	4	120 días
		Total Enrique Alameda			**469.873,94 €**		
		Total general			**1.757.934,38 €**		

15. Importación desde otras aplicaciones del paquete ofimático

Introducción

Puesto que las aplicaciones integrantes de un paquete ofimático están diseñadas por el mismo fabricante y dado que en ocasiones el trabajo para que se hace uso del ordenador requiere funciones de cada una de esas aplicaciones, los desarrolladores dotan a sus programas de interactividad entre ellos.

Contenido

15.1. Con bases de datos

Excel está capacitado para incorporar a sus hojas información extraída de diferentes bases de datos como dBase, Paradox, Access, etc.

En el caso concreto de *Access*, se pueden abrir directamente tablas o consultas de una base de datos. Cuando se accede al cuadro de diálogo *Abrir*, basta con especificar el tipo de documento deseado, en el caso actual ***Base de datos de Access.***

Al seleccionar una base de datos, se obtiene un cuadro de diálogo como el que se muestra en la imagen siguiente, en el que se especificará la tabla o consulta que se desea importar.

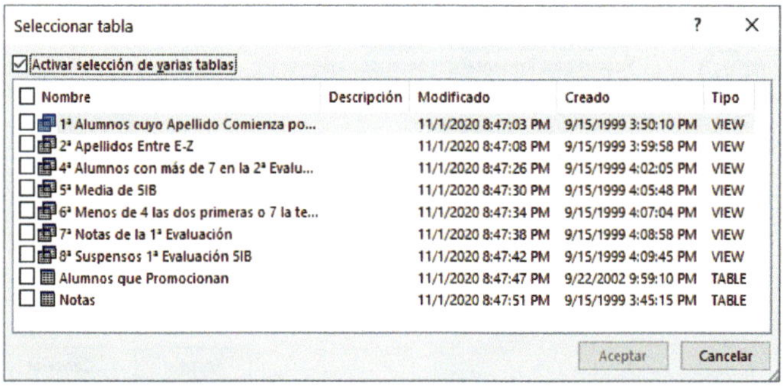

El mismo resultado se consigue a través del icono *Obtener datos* ubicado en la ficha *Datos*, grupo ***Obtener y transformar datos.***

15.2. Con presentaciones

Excel permite importar presentaciones realizadas con PowerPoint; para ello debemos pinchar en el icono *Objeto* de la ficha *Insertar*, grupo *Texto.* Nos aparecerá un cuadro de diálogo como el que se muestra en la siguiente imagen.

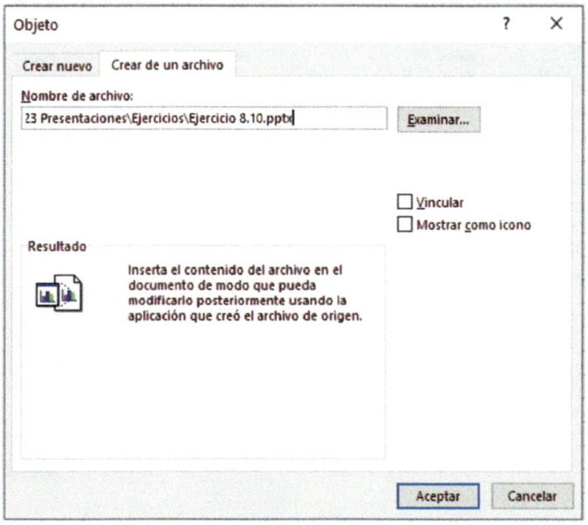

Si lo que queremos es crear una presentación nueva, de la pestaña *Crear nuevo* seleccionaremos alguna de las opciones disponibles relacionadas con la inserción de diapositivas, como se puede apreciar en la siguiente imagen.

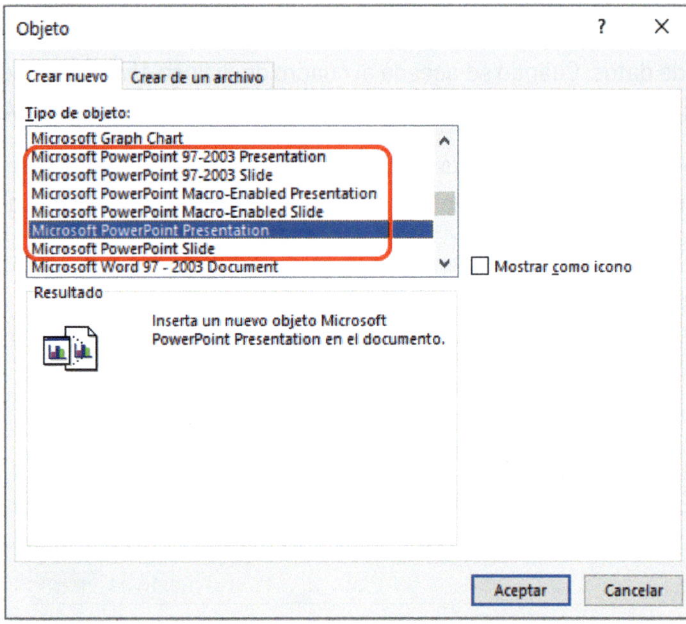

Al pulsar sobre el botón *Aceptar* se insertará un cuadro en la hoja de cálculo, con el formato de una diapositiva de PowerPoint. Además, tal y como podemos apreciar en la siguiente imagen, la cinta de opciones disponible es la de esa aplicación.

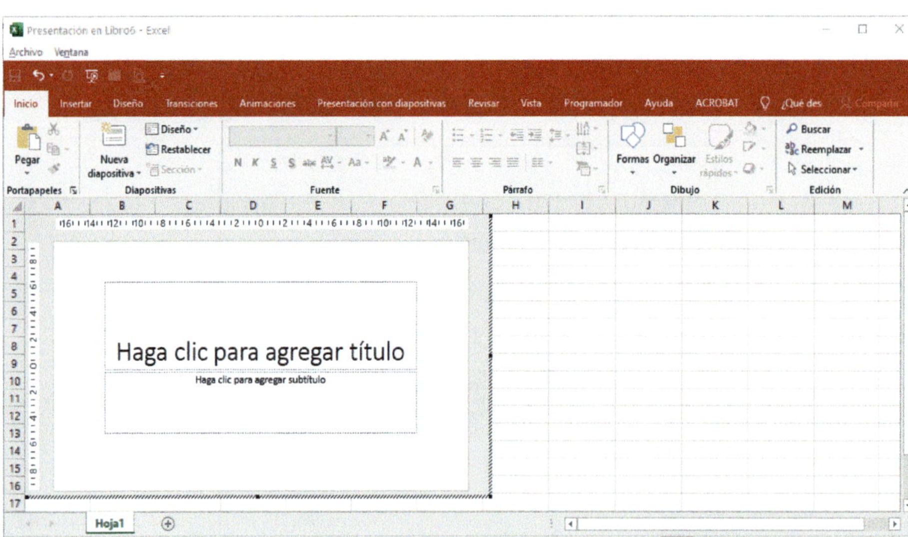

A partir de ahora trabajaré como si lo hiciera en PowerPoint.

Si lo que deseamos es insertar una presentación ya realizada, seleccionamos la pestaña *Crear de un archivo* (ficha *Insertar*, grupo *Texto*, opción *Objeto*). Pinchando sobre el botón *Examinar* seleccionaremos la presentación que queremos insertar.

Si seleccionamos la casilla de verificación *Vincular*, cualquier modificación que se haga sobre la presentación, también se realizará sobre el objeto insertado en la hoja de cálculo.

En la hoja de cálculo aparecerá un objeto mostrando la primera diapositiva. Al hacer doble clic sobre ella, se lanzará la presentación.

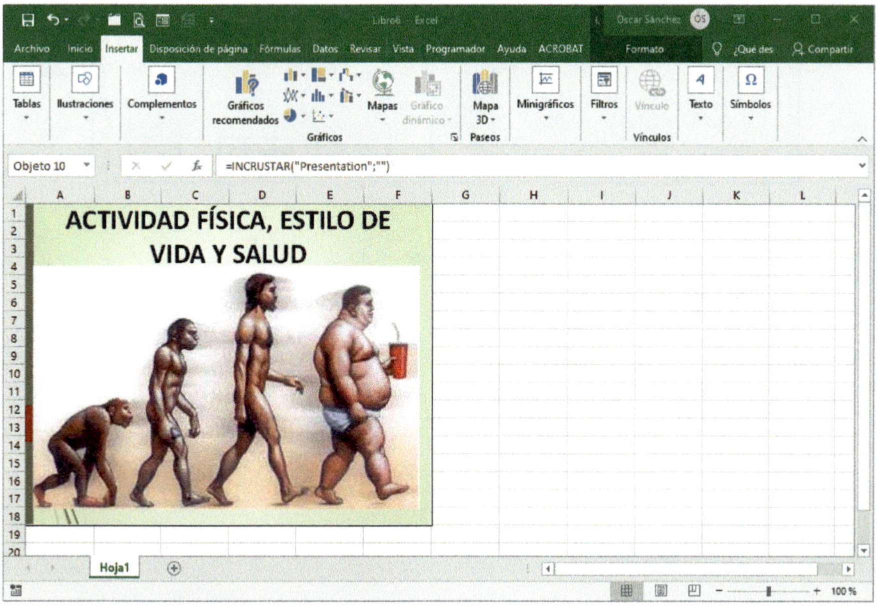

15.3. Con documentos de texto

De la misma forma que se pueden insertar presentaciones en una hoja de cálculo, también podemos insertar documentos de texto.

La forma de inserción es la misma que se ha explicado en el apartado anterior, disponiendo de las mismas opciones, solo que en este caso seleccionaremos las opciones correspondientes a documentos de texto, tal y como se muestra en la siguiente imagen.

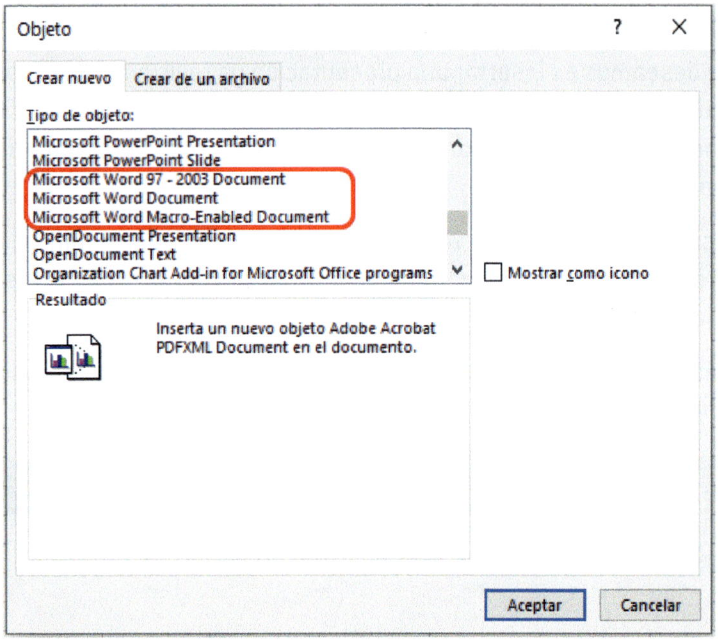
Objeto
?
Crear nuevo
Crear de un archivo
Tipo de objeto:
Microsoft PowerPoint Presentation
Microsoft PowerPoint Slide
Microsoft Word 97 - 2003 Document
Microsoft Word Document
Microsoft Word Macro-Enabled Document
OpenDocument Presentation
OpenDocument Text
Organization Chart Add-in for Microsoft Office programs
Mostrar como icono
Resultado
Inserta un nuevo objeto Adobe Acrobat PDFXML Document en el documento.
Aceptar
Cancelar

16. Plantillas y macros

Introducción

Al igual que en el caso de los procesadores de textos, el uso de plantillas permite acelerar la preparación de nuestros libros de hojas de cálculo. En las hojas de cálculo las plantillas son aún más útiles y comunes, puesto que en ellas no solo podemos incluir especificaciones de formato o elementos gráficos como logotipos, sino que podemos también insertar las fórmulas necesarias celdas para que, una vez abierta la plantilla, solo sea preciso introducir los datos de partida.

De la misma forma, a través de las macros podemos agilizar el trabajo con Excel, ya que podemos configurar acciones que se ejecuten automáticamente.

Contenido

16.1. Creación y uso de plantillas

Excel proporciona diversas plantillas para facilitar la elaboración de nuestros documentos. Mediante la ficha *Archivo* y la opción *Nuevo* accedemos a un cuadro de selección de plantillas desde el que podemos no solo escoger una de las plantillas guardadas en nuestro equipo, sino también descargar plantillas de una extensa colección disponible en *Plantilla en línea.*

Si queremos guardar un documento como plantilla de Excel, acudimos a la opción *Guardar como* (ficha *Archivo*) y escogemos en el formato *Plantilla de Excel.* Esta se guardará en la carpeta de *Plantillas* con extensión .xltx.

16.2. Grabadora de macros

En Excel, para acceder a las opciones de grabación y ejecución de macros es preciso acudir a la ficha *Programador.* Si esta no está disponible, debemos activarla pulsando en la ficha *Archivo, Opciones, Personalizar cinta de opciones* y marcar la casilla *Programador.*

En la ficha *Programador,* grupo *Código,* el botón *Grabar macro* nos dará acceso al cuadro de diálogo del mismo nombre, que permitirá asignarle nombre y acceso de teclado a la macro y seleccionar si la queremos guardar en el documento o en otro libro. El botón *Macros* permite visualizar, modificar, renombrar y eliminar las macros existentes.

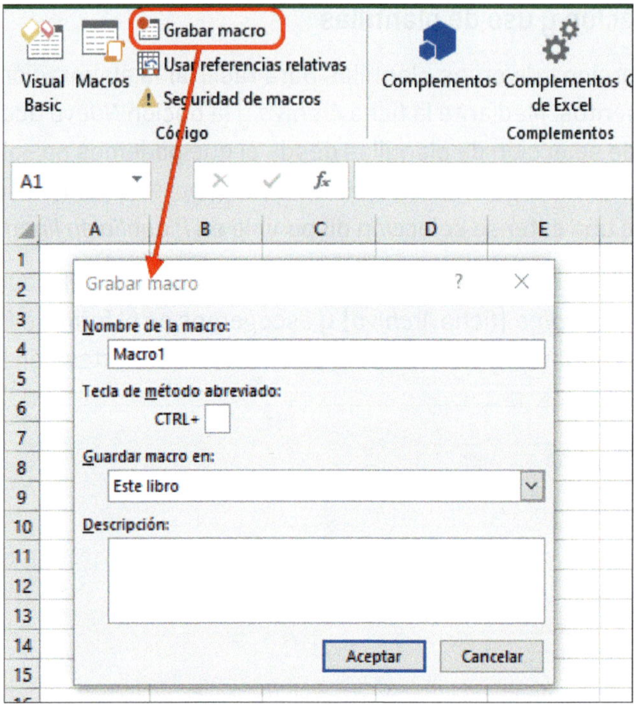

16.3. Utilización de macros

Una vez creada una macro, la podremos ejecutar las veces que queramos. Antes de dar la orden de ejecución de la macro, dependiendo del tipo de macro que sea, será necesario seleccionar las celdas que queramos que queden afectadas por las acciones de la macro.

Por ejemplo, si hemos creado una macro que automáticamente da formato a las celdas, tendremos que seleccionar las celdas previamente antes de ejecutar la macro.

Para ejecutar la macro debemos acceder a la opción *Ver macros*, que se encuentra en el botón *Macros* de la ficha *Vista*, grupo *Macros.*

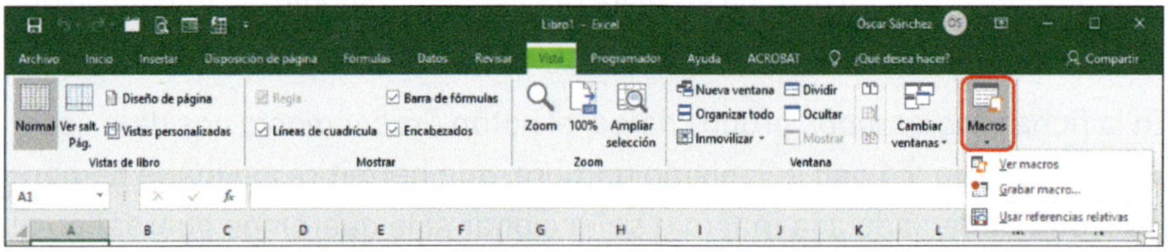

Nos aparece el cuadro de diálogo *Macro,* como el que vemos en la imagen, donde tenemos una lista con las macros creadas.

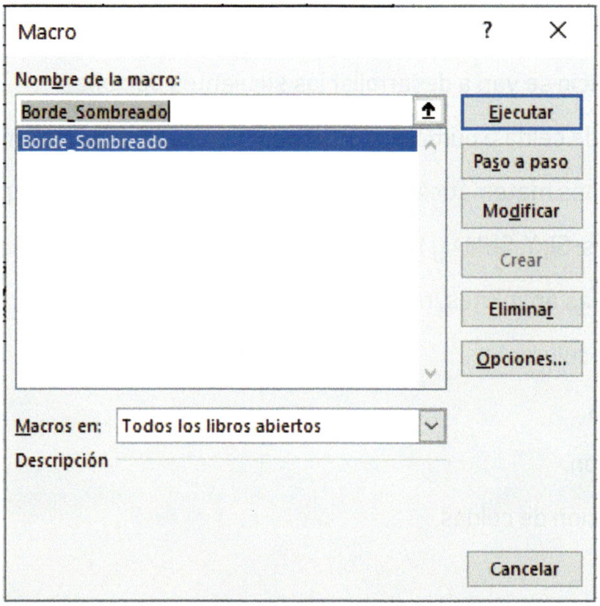

Debemos seleccionar la macro deseada y pulsar sobre el botón *Ejecutar.* Se cerrará el cuadro y se ejecutará la macro.

Las acciones de los botones disponibles en el cuadro de diálogo son:

- **Cancelar**. Cierra el cuadro de diálogo sin realizar ninguna acción.
- **Paso a paso**. Ejecuta la macro instrucción por instrucción abriendo el editor de programación de Visual Basic.
- **Modificar**. Abre el editor de programación de Visual Basic para modificar el código de la macro. Estos dos últimos botones son para los que sepan programar.
- **Eliminar**. Borra la macro.
- **Opciones**. Abre otro cuadro de diálogo donde podemos modificar la tecla de método abreviado (combinación de teclas que provoca la ejecución de la macro sin necesidad de utilizar el menú) y la descripción de la macro.

Ejercicios prácticos

ACTIVIDAD 16.1

En este ejercicio se van a desarrollar las siguientes opciones:

1. Formato de celdas: número, alineación, fuente, bordes y rellenos.
2. Operaciones matemáticas simples: restas, multiplicaciones y divisiones.
3. Funciones: SI, Y, SUMA y PROMEDIO.
4. Referencias absolutas, relativas o mixtas.
5. Ancho de columnas.
6. Márgenes.
7. Orientación.
8. Combinación de celdas.
9. Plantillas.
10. Macros.

Realiza la siguiente hoja de cálculo teniendo en cuenta las consideraciones que se dan en el cuadro siguiente:

1. Genera una plantilla con la estructura de la hoja de cálculo, y así se podrá utilizar para sucesivas ocasiones.
2. En esa misma plantilla crea una macro para sombrear y poner un borde sencillo a las celdas.

   Una vez realizados los dos apartados anteriores, cierra la plantilla y crea a través de ella una hoja de cálculo nueva que tendrá las siguientes características:

3. Hasta la columna H se introducen los datos manualmente.
4. La columna I es la multiplicación del Peso Transporte (columna F) por el Precio por Kilo.
5. El valor de la columna J dependerá de los Kilómetros Recorridos, tal y como se aprecia en la tabla "Pluses". De tal forma, si se han recorrido más de 5.000 kms. se aplicará un plus del 7%; de la misma forma, si se han recorrido menos de esos 5.000 kms., el plus será del 3,5%.

6. La columna K solamente mostrará importe cuando el Trayecto sea "RESTO", estableciendo el valor que imagen en la tabla Pluses.
7. El importe de la columna L dependerá del tipo de Trayecto que se haya realizado. De tal forma, tal y como se establece en la tabla "Precio por Kilómetro Recorrido", dependiendo del tipo de trayecto el importe va variando. El resultado es la multiplicación de los Kilómetros Recorridos por el valor de ese kilómetro.
8. En la columna M se establecerá un descuento de 30 €, tal y como se muestra en la tabla "Descuentos", siempre y cuando las unidades transportadas excedas de 15. Estos 30 € se multiplicarán por el número de unidades que excedan de 15.
9. La empresa se compromete a realizar el servicio en unos días, en función del tipo de trayecto, tal y como se muestra en la tabla "Plazo Comprometido Según Trayecto". Cuando no se cumplen esos plazos existe un descuento, tal y como se muestra en la tabla "Descuento por Incumplimiento del Plazo Comprometido".

   Esta columna N especifica a qué cantidad asciende ese Descuento, siempre y cuando la diferencia entre la Fecha de Entrega y la Fecha de Salida sea superior a los días comprometidos.
10. El Coste Final es la suma desde la columna I hasta la columna L, menos los descuentos correspondientes (columnas M y N).
11. El Coste Kg. es el importe unitario que supone transportar un kilo de producto, teniendo en cuenta el Coste Final calculado anteriormente, y el Peso Transportado.
12. En la fila 16 establece la Media de las columnas correspondientes.
13. Establece un ancho de columnas y un alto de filas similar al que te doy, teniendo en cuenta que tiene que caber todo en una sola página.

ULTRAMAR POSTEUROPE

CONCESIÓN	UNIDADES	FECHA SALIDA	FECHA ENTREGA	PESO TRANS.	TRAYECTO	KMS. RECORRIDOS	COSTE INICIAL	PLUS POR KM.	PLUS POR TRAYECTO	COSTE SEGÚN TRAYECTO	DESCUENTO POR Nº DE UNIDADES	DESCUENTO POR RETRASO	COSTE FINAL	COSTE KG.
CASPER	17	17/05/21	01/06/21	20.980	URBANO	500	6.294,00 €	220,29 €	0,00 €	150,00 €	60,00 €	1.258,80 €	5.345,49 €	0,25 €
MORTOR	9	06/05/21	17/05/21	6.538	PROVINCIAL	1.200	1.961,40 €	68,65 €	0,00 €	540,00 €	0,00 €	294,21 €	2.275,84 €	0,35 €
NERTPON	11	04/05/21	11/05/21	30.427	PROVINCIAL	1.300	9.128,10 €	319,48 €	0,00 €	585,00 €	0,00 €	1.369,22 €	8.663,37 €	0,28 €
ARENGAS	10	12/05/21	14/05/21	37.877	RESTO	5.040	11.363,10 €	795,42 €	378,39 €	3.024,00 €	0,00 €	0,00 €	15.560,91 €	0,41 €
PERFECT	12	11/05/21	12/05/21	48.856	URBANO	450	14.656,80 €	512,99 €	0,00 €	135,00 €	0,00 €	0,00 €	15.304,79 €	0,31 €
PERCONS	23	08/05/21	22/05/21	23.202	RESTO	15.000	6.960,60 €	487,24 €	231,79 €	9.000,00 €	240,00 €	870,08 €	15.569,55 €	0,67 €
TERMON	10	01/05/21	02/05/21	13.271	PROVINCIAL	2.300	3.981,30 €	139,35 €	0,00 €	1.035,00 €	0,00 €	0,00 €	5.155,65 €	0,39 €
LOENO	19	18/05/21	01/06/21	42.069	URBANO	750	12.620,70 €	441,72 €	0,00 €	225,00 €	120,00 €	2.524,14 €	10.643,28 €	0,25 €
ARECIBO	21	03/05/21	16/05/21	7.855	RESTO	21.000	2.356,50 €	164,96 €	78,47 €	12.600,00 €	180,00 €	294,56 €	14.725,36 €	1,87 €
GERNON	14	07/05/21	11/05/21	235.459	URBANO	560	70.637,70 €	2.472,32 €	0,00 €	168,00 €	0,00 €	0,00 €	73.278,02 €	0,31 €
MEDIAS	15	08/05/21	16/05/21	46.653		4.810	13.996,02 €	562,24 €	68,87 €	2.746,20 €	60,00 €	661,10 €	16.652,23 €	0,51 €

PLAZO COMPROMETIDO SEGÚN TRAYECTO

URBANO	PROVINCIAL	RESTO
5	6	7

PRECIO POR KILÓMETRO RECORRIDO

URBANO	PROVINCIAL	RESTO
0,30 €	0,45 €	0,60 €

PRECIO POR KILO	0,30 €

PLUSES		
PLUS POR KILÓMETRO >	5000	7%
PLUS POR KILÓMETRO <=	5000	3,50%
PLUS POR TRAYECTO "RESTO"		3,33%

DESCUENTOS	
Nº UNIDADES > 15	30,00 €
POR UNIDAD DE MÁS DE 15	

DESCUENTO POR INCUMPLIMIENTO DEL PLAZO COMPROMETIDO

URBANO	PROVINCIAL	RESTO
20%	15%	12,50%

ACTIVIDAD 16.2

En este ejercicio se van a desarrollar las siguientes opciones:

1. Formato de celdas: número, alineación, fuente, bordes y relleno.
2. Función SUMA.
3. Ancho de columnas, márgenes y combinación de celdas.
4. Ordenación de listas.
5. Filtros.
6. Formato condicional.
7. Subtotales.
8. Esquemas.
9. Macros.

La empresa Muebles El Barato desea crear un libro de trabajo para hacer frente a una serie de situaciones con las ventas que ha habido a lo largo de los últimos 5 años. Para ello dispone de una hoja, llamada "MUEBLES" con la siguiente información:

	A	B	C	D	E	F	G	H	I
1									
2		**MUEBLES EL BARATO**							
3									
4–5				**Ventas**					
6		**Delegación**	**Línea Producto**	**2016**	**2017**	**2018**	**2019**	**2020**	**Total Ventas por Líneas de producto**
7		**HUESCA**	MESAS	187	200	210	180	199	976
8		**HUESCA**	SILLAS	200	199	220	200	190	1.009
9		**HUESCA**	ARMARIOS	300	250	200	240	288	1.278
10		**HUESCA**	MESILLAS	250	230	200	234	250	1.164
11		**HUESCA**	ESTANTERÍAS	200	290	200	210	190	1.090
12		**TERUEL**	MESAS	200	270	287	290	300	1.347
13		**TERUEL**	SILLAS	210	280	290	310	300	1.390
14		**TERUEL**	ARMARIOS	300	288	270	210	245	1.313
15		**TERUEL**	MESILLAS	200	210	109	180	190	889
16		**TERUEL**	ESTANTERÍAS	130	166	210	200	240	946
17		**MÁLAGA**	MESAS	200	289	190	230	289	1.198
18		**MÁLAGA**	SILLAS	199	298	320	260	290	1.367
19		**MÁLAGA**	ARMARIOS	230	267	300	310	199	1.306
20		**MÁLAGA**	MESILLAS	320	199	240	378	200	1.337
21		**MÁLAGA**	ESTANTERÍAS	300	320	300	289	230	1.439
22		**VIGO**	MESAS	200	186	210	220	290	1.106
23		**VIGO**	SILLAS	290	280	300	320	340	1.530
24		**VIGO**	ARMARIOS	310	226	260	270	300	1.366
25		**VIGO**	MESILLAS	210	220	230	260	280	1.200
26		**VIGO**	ESTANTERÍAS	200	222	210	220	250	1.102
27		**ZARAGOZA**	MESAS	130	150	160	180	200	820
28		**ZARAGOZA**	SILLAS	190	212	240	220	240	1.102
29		**ZARAGOZA**	ARMARIOS	222	220	250	250	300	1.242
30		**ZARAGOZA**	MESILLAS	210	240	200	180	150	980
31		**ZARAGOZA**	ESTANTERÍAS	132	140	130	140	150	692

Esta hoja deberás copiarla cada vez que vayas a realizar una de las actividades propuestas, ya que para las siguientes se necesitarán de nuevo los datos originales. Nombra las hojas con algo que indique el planteamiento que has resuelto.

Los planteamientos son:

1. **Ordena** de mayor a menor el total de ventas por cada delegación.
2. Aplica un **Filtro** donde solo se vean las filas cuyas ventas en el año 2020 sean superiores a 220 y en el año 2017 sean inferiores a 180.
3. Utilizando la opción adecuada, se desea ver en color rojo las ventas inferiores a 180 y en color verde y subrayado doble las ventas superiores a 220.
4. Obtener por cada delegación un **Subtotal** (usando la función SUMA) para cada año y para el total general.
5. Copia la hoja obtenida con los Subtotales y muéstrala al Nivel 2 de **Esquema**.
6. Crea una **Macro** que copie todo el contenido de la hoja "MUEBLES" en una hoja nueva.